Ekard Lind **LIND-art**®
TEAM-dance

Fotos: Marie-Therese,
Maria und Ekard Lind

Mensch-Hund-Beziehung

IDEELLER ÜBERBAU:

Ethik + Ethologie
+ Pädagogik + Sport
+ Individualität
} = »AUSRICHTUNG«

Mensch-Hund-Harmonie

PRAKTISCHER AUFBAU:

Kommunikation
+ Motivation
+ Spiel + Autorität
} = »LIND-ART«

TEAM-balance
Erzieherische und sportliche Vorbereitung

TEAM-work
Sportausübung in sozialer Gemeinschaft

TEAM-sport
Reglement in
vier Prüfungsstufen.
Zusätzliche
Seniorenklasse

TEAM-dance
Reglement in
vier Prüfungsstufen.
Zusätzliche
Seniorenklasse

Mensch–Hund–Beziehung im Wandel

Der wesentliche Unterschied von TEAM-dance zu herkömmlichen Ausbildungsmethoden besteht darin, Aufgaben zunächst nicht zu fordern, sondern geschickt zu fördern. Mit anderen Worten: Die Ziele des Menschen werden mittels fundierter tierpädagogischer Methoden zu Zielen des Hundes transformiert. Der Hund ist nicht mehr als Werkzeug des Hundeführers »abgerichtet«, sondern wird in seinen arteigenen Bedürfnissen ernst genommen. Der »Hunde-Führer« wird auf diese Weise zum »Team-Führer«, und aus dem »parierenden Hund« wird ein (hündischer) Sportpartner, der das, was man von ihm will, »freudig und engagiert« ausführt. Hierzu lieferte die Verhaltensforschung die erforderlichen Fundamente.

Die entscheidende Ausformung erhielt TEAM-dance in der neuen Hundeausbildung Lind-art, indem moderne pädagogische Erkenntnisse in die Tierpädagogik einflossen und zu deren praxisgerechter Umsetzung mehrere neue Methoden entwickelt wurden, wie Signal-timing, Motivations-Balance, Geistiger Zügel, Sättigungs-Distanz, Impulsive Berührung, Passive Einwirkung und andere.

In der dreifachen Bedeutung des Wortes »art« spiegelt sich Linds ganzheitliches Bekenntnis wider: »art« steht einmal für die besondere »Art und Weise« einer zeitgerechten, ethisch ausgerichteten Mensch-Hund-Beziehung, zum anderen als Betonung des »art«-gerechten Umgangs mit dem Hund und zum dritten als »art« im Sinne von Kunst, auf neuen Wegen die »Mensch-Hund-Harmonie« in allen Bereichen des Umgangs mit dem Hund Wirklichkeit werden zu lassen.

Von diesem Plateau aus entstand eine neue Hundesportart, die inzwischen ausgereift ist und unter dem Begriff »TEAM-work« in Form der beiden Disziplinen TEAM-sport und TEAM-dance vorliegt.

Anstelle klassischer »Unter«-Ordnung und betont formalistischer Bewertung wird im »TEAM-work« vor allem die harmonische, soziale Kommunikation als »qualitative Leistung« in den Vordergrund gestellt – ohne Geräte und ohne Zeit-, Höhen- oder Weitenmessung.

TEAM-sport erfährt in TEAM-dance eine weitere Steigerung. Hier werden Musik, Rhythmus, Klang und Form als zusätzliche Kräfte im Sinne des dreifachen »art«-Gedankens wirksam.

WAS SPRICHT FÜR TEAM-dance?

- Tanzen mit dem TEAM-Partner Hund macht Spaß.

- Der Tanz ist vielfältig und abwechslungs-reich.

- Das Tanzen erlaubt rassespezifische und individuelle Choreographien.

- Es bietet Kommunikations-reichtum und gesteigertes Sozialerlebnis für beide.

- Dem Tanzführer bietet Tanzen kreative, phan-tasievolle und künstlerische Entfaltung.

- Der Tanz stillt zahlreiche arteigene Bedürfnisse des Hundes.

- TEAM-dance kommt ohne Geräte und Hilfspersonen aus.

- TEAM-dance ist ein Ganzjahressport und an jedem Ort möglich.

- Tanzen ist in vieler Hinsicht gesund und in jedem Alter von Mensch und Hund möglich.

- TEAM-dance bietet ein breites Aus-übungsspektrum mit 4 Leistungsstufen, 3 Klassen und 5 Sektionen sowie Quer-verbindungen zu TEAM-sport und anderen Hundesportarten.

Viele Menschen hören gerne Musik. Was liegt näher, Musik nicht nur hörend, sondern in gesteigerter Form aktiv reproduzierend zu erleben, indem man sich dazu bewegt? Und wer seine Freizeit mit Hunden verbringt, gleichzeitig aber gerne Musik hört, warum soll er nicht beides miteinander verbinden?

Tanzen mit dem TEAM-Partner Hund ist eine ganz besondere »Art«. Im eigenen Mitmachen zu fühlen, wie Musik, Rhythmus, Wort, Klang und Form verschmelzen und eine für beide durch und durch angenehme und beglückende Stimmung erzeugen, das ist faszinierend und tiefgreifend. Die vitalisierenden und harmonisierenden Kräfte der Musik bleiben für jenen, der sich ihnen öffnet, nicht ohne Resonanz. Die Stimmung wirkt sich natürlich auch auf das Üben aus. Musik trägt entscheidend dazu bei, daß sich Tanzführer und Tanzpartner entspannen und einander positiv gestimmt begegnen. Gemeinsam auf Musik zu tanzen, macht riesig Spaß und wird auch nach Jahren nicht langweilig. Kein Tanz ist wie der andere, und jeder Tanzführer kann seine eigene Kür entwerfen und diese mit seinem Hund einstudieren. Die Choreographie läßt ihm hierbei Freiheiten, wie sie keine andere Hundesportart bietet.

Ein ganz besonderes Merkmal des TEAM-dance: Gerade ältere Hunde zeigen immer wieder herausragende Leistungen. Deshalb wurde in TEAM-dance erstmals in der Geschichte des Hundesports eine eigene »Seniorenklasse« eingerichtet. Ebenfalls neu sind 4 anstelle 3 Leistungsstufen, womit die Ansprüche feiner differenziert und wodurch die Anfängerleistungen deutlich niedriger, Spitzenleistungen hingegen deutlich höher angesetzt werden können.

TYPISCH
TEAM

Sowohl der Mensch als auch der Wolf können als Einzelgänger leben. Aber beider Stärke liegt sicher in der Gemeinschaft. Ähnlichkeiten in der sozialen Struktur einerseits und ökologische Veränderungen andererseits boten die Voraussetzungen für eine Partnerschaft, die in der Geschichte einmalig ist.

Wann die Geburtsstunde der Verbindung Mensch-Hund war, und die Frage, ob der Mensch oder der Wolf die Initiative zu dieser Liaison ergriffen hat, wollen wir nicht weiter erörtern. Fest steht, daß der Hund der älteste Begleiter des Menschen ist und daß beide von dieser Partnerschaft profitierten. Dem Ur-Hund gab sie Sicherheit, Wärme und vor allem Nahrung. Der Mensch wärmte sich am Fell des Hundes, nützte ihn zur Jagd, als Zugtier, zur Bewachung, aber auch als Nahrungsreserve und zum Schmusen. Die außergewöhnliche Anpassungsfähigkeit des Hundes ermöglichte zahlreiche Spezialaufgaben, was wiederum zur Entstehung und Ausprägung immer mehr und neuer Hunderassen beitrug, vom Kampfhund bis zum Schiffahrtsbegleiter. Der Hund hat bis heute – trotz Industrialisierung und Technisierung – nicht an Attraktivität verloren. Im Gegenteil, neue Aufgabenbereiche, etwa in der Rauschgiftsuche oder zu Therapiezwecken, unterstreichen die ungebrochene Bedeutung der Partnerschaft Mensch-Hund.

So alt diese Beziehung ist, so unterschiedlich wurde sie in jeder Generation gesehen. Der »freudige« Hund war zwar immer schon so

etwas wie ein Leitbild. Schon der griechische Geschichtsschreiber Xenophon (um 430 bis 354 v.Chr.) verwendet diesen Begriff, und in jeder Generation kehrt der »freudige Hund« wieder. Was man jedoch darunter konkret verstand, beziehungsweise wie man dieses Ideal in die Tat umsetzte, da unterschied sich jede nach- folgende Genera- tion von der vorherigen ganz erheblich.

Auch in unserer Zeit beleuchtet man den »freudigen Hund« neu. Man hinterfragt, ob und wie die Idealvorstellung der Mensch-Hund-Beziehung realisierbar ist.

Die Verhaltensforschung, eine relativ junge Wissenschaft, hat uns gelehrt, daß trotz der Vielfalt der Hunderassen und trotz der langen Zeit der Domestikation der Hund »im Grunde seines Wesens ein Wolf geblieben ist« (Eric Zimen). Das Wissen über Verhalten hat mannigfache Veränderungen im Verständnis der Mensch-Hund-Beziehung eingeleitet.

Hinzu kommt die Entdeckung der Emotionalen Intelligenz, die besagt, daß Gefühle neu erkannte Intelligenzsysteme maßgeblich beeinflussen. Das könnte unsere Ansichten über die intelligenten Leistungen höherer Tiere schon bald in ein anderes und helleres Licht rücken. Es ist naheliegend, daß sich auf dieser Basis nicht nur die traditionellen Ausbildungsmetho-

den, sondern auch die übergeordneten Betrachtungsweisen der Mensch-Hund-Beziehung verändern werden.

Eine Antwort auf die Herausforderung einer zeitgemäßen Mensch-Hund-Beziehung ist der TEAM-Gedanke, der im Ideal der »Mensch-Hund-Harmonie« gipfelt. Gemeinsames Aufeinandereingehen entspricht sowohl den Bedürfnissen des Menschen als auch des Hundes. Solange sich die arteigenen Ansprüche beider in den Regeln des Zusammenlebens widerspiegeln und unter der Voraussetzung, daß die Regeln der Mensch-Hund-Beziehung auf das Ideal der »Mensch-Hund-Harmonie« ausgerichtet wurden, besteht keine Gefahr, daß einer der beiden Partner in dieser Gemeinschaft ausgenutzt wird oder Schaden leidet.

Auch wenn bekanntlich vom Ideal bis zur Verwirklichung ein weiter und mithin beschwerlicher Weg ist, so legen kynologische, verhaltensbiologische und tierpädagogische Erkenntnisse nahe, daß der TEAM-Gedanke nicht nur im Hinblick auf den Familienhund, sondern in allen Erscheinungsformen der Mensch-Hund-Beziehung nicht mehr aufzuhalten ist. Also

auch im Sport- und Gebrauchshundewesen. Als Folge dieses Bewußtseinswandels wird sich aber auch der Umgang mit dem Hund ganz erheblich verändern.

Der TEAM-Gedanke legt nahe, in der Hundeausbildung die Leistungserwartung nicht länger auf formale Ebenen zu beschränken. Wir müssen begreifen, daß Lernen nicht nur das ist, was wir vom Hund wollen, sondern daß Lernen Leben bedeutet. Der TEAM-Gedanke stellt das »Wie« der Vermittlung in den Vordergrund.

Das heißt, daß wir uns in die Arteigenheit des Hundes sowie in seine Individualität hineinfühlen, seine Bedürfnisse besser berücksichtigen und das umfangreiche pädagogische Wissen in der Ausbildungspraxis auch wirklich nützen müssen.

Es sprechen noch viele andere Überlegungen für die Berücksichtigung des TEAM-Gedankens in der Hundeausbildung. Hier nur ein Beispiel: Bei einem Zerrspiel zweier Hunde geht es bei näherer Betrachtung in der Regel nicht nur um das Objekt, um das spielerisch (oder auch ernsthaft) gestritten wird, sondern es geht um das soziale Gefüge, das innerhalb eines Spiels (oder einer ernsthaften Auseinandersetzung) auf dem Prüfstand steht. Zum vordergründigen Zerr-Wettstreit kommen gleichzeitig zahlreiche soziale Verhaltensroutinen und situationsbedingte Motivationen zum Tragen. Wer als Ausbilder allein das Ziel der Aufgabenstellung im Visier hat, verfehlt nicht nur die Natur in ihrem Anspruch auf lebendiges Lernen, er verschenkt nebenbei wertvolle und ergiebige tierpädagogische Möglichkeiten!

T A N Z

Tanzen gehört wie Singen, Malen, Gestalten oder Gestikulieren zu den ursprünglichsten Ausdrucksformen des Menschen. Lange bevor Kinder sprechen lernen, tanzen sie bereits in freier Form zu Rhythmus und Musik. Musische Ausdrucksformen sind ein Teil unserer Menschwerdung. Und auch die Amsel folgt einem inneren Bedürfnis, wenn sie ihr Lied singt. Es gilt für Mensch und Tier: Werden zu wenig Anreize für emotionale Ausdrucksmöglichkeiten gegeben oder werden diese gar unterdrückt, so nimmt der Organismus als Ganzes Schaden. Wie elementar emotionale Ausdrucksformen sind, demonstrieren uns Kinder und pubertierende Jugendliche. Hier begegnet uns noch die ungebrochene Identifikation mit Rhythmus und Tanz. Der Erwachsene hingegen hat diese ursprünglichen Identifikationen gegen die Etikette der Zivilisation und gegen ein betont rationales Selbstverständnis eingetauscht. Dabei wäre es gerade für den Erwachsenen so wichtig, Spannkraft und Jugendlichkeit mit Hilfe musischer Beschäftigung zu erhalten. Wir wissen heute, daß Musik, Tanz und Bildende Kunst nicht nur musisch-kreative, sondern auch geistige Leistungen fördert.

Aber selbst wenn wir unseren Blick nur auf die Gesunderhaltung des Körpers richten, kommen wir am Tanz nicht vorbei, denn im Tanz werden alle Muskeln und Gelenke des Körpers aktiv

und in unerreicht ausgewogener Form trainiert. Kurz: Viel spricht für den Tanz – für den Tanz des Menschen. Aber was gilt für den Hund? Braucht er den Tanz für seine arteigenen Bedürfnisse? Wird der Hund im Tanz nicht zu etwas gezwungen, was er alleine nie tun würde? Ist der Tanz mit dem Hund nicht eine neue Form der Vermenschlichung? Diese Fragen sind ernst zu nehmen, vor allem dann, wenn man sich wie ich der Arteigenheit des Hundes verpflichtet hat. Zunächst muß deutlich gesagt werden, daß die soeben genannten Gefahren tatsächlich bestehen. Vor allem dann, wenn der Tanz mit dem Hund rücksichtslos und unreflektiert betrieben würde!

T Y P I S C H
TANZ

Was kann der Tanz dem Hund bieten?

Ein Hund braucht Auslauf, Bewegung, Reize auf
allen Sinnesebenen, Herausforderungen und die
Möglichkeit, sich zu bewähren. Er braucht Spiel
in variabler Form und Umgang mit anderen
Hunden, Aktivität und Ruhe. – Aber mehr als
das braucht er Nähe, Geborgenheit, liebevolle
Zuwendung, Sozialkontakte und das Aufge-
nommensein in der Gemeinschaft. Genau das
kann der Tanz bieten. Im Tanz sind Kommunikation und gegenseitiges Aufeinandereingehen
die Voraussetzung für das Gelingen. Ununter-
brochenes Beobachten des Partners ist
im Tanz eine Selbstverständlichkeit, und
nirgendwo anders wird der freundliche

Umgang so intensiv unterstützt wie im Tanz. Der Tanz betont also jene Komponente, die für den Hund ähnlich
typisch ist wie für den Menschen, nämlich die Integration in die Gemeinschaft.

Auch im Hinblick auf Abwechslung und Anpassung hat der Tanz viel zu bieten. Variabilität und Vielfalt stehen den Lebensforderungen bekanntlich näher als gleichförmige Wiederholung (Stereotypie) und Automation. Anders als beispielsweise in der klassischen Unterordnung, wo Stereotypie und Automation den Prüfungs- und Turnierablauf bestimmen, wird im Tanz in jedem Takt eine jeweils neue Anpassung gefordert. Jeder Tanz wird so zur individuellen und einmaligen Vorführung, die in punkto Vielfalt und Übungsreichtum das Vielfache einer Unterordnung bietet.

Wenig motiviert den Hund stärker als Bewegung. Auch das bietet der Tanz. Keine andere Sportart deckt ein derart breites Spektrum von psychomotorischen Bedürfnissen ab. In diesem Zusammenhang wird oft entgegnet, langsames

Gehen beispielsweise sei für den Hund unnatürlich, ebenso rückwärts gehen oder sich um die eigene Achse zu drehen. Diese Behauptungen sind falsch. Bei Wölfen, Wildhunden oder auch Haushunden kommen alle drei Gangarten sowie Rückwärtsgehen oder Pirouetten zum Einsatz. Außerdem hat sich gezeigt, daß Hunde, die im Tanz beispielsweise gelernt haben, rückwärts zu gehen, diese neue Bewegungsroutine von sich aus im täglichen Leben dort nützen, wo sie ihnen Vorteile bringt.

Trotzdem darf die bestehende Gefahr unnatürlicher Anforderung nicht verharmlost werden! Hierbei hilft die tierpädagogische Orientierung zur »Integralen Motivation« (E. Lind). Lernen beschränkt sich demnach nicht auf die »Belohnung« nach bewältigter Aufgabe, sondern das Tun an sich wird lustvoll vermittelt. »Üben bleibt Spielen!« – Auch der Tanz wird bei TEAM-dance aus dem Spiel entwickelt.

Hinzu kommen Motivationen, die durch Rhythmus und Klang freigesetzt werden. Auch wenn über die rhythmisch-klangliche Erlebnisfähigkeit der Tiere noch viel zu erforschen ist, steht jetzt schon fest: Hunde bringen ähnlich wie Pferde die Begabung mit, Schritt, Gang und Bewegung auf Musik und Rhythmus auszurichten. Und diese Tätigkeit bereitet ihnen Freude.

ENTSCHEIDUNGSHILFEN

1 Wenn Sie gerne Musik hören und davon innerlich berührt werden, bringen Sie bereits das Wichtigste für TEAM-dance mit. Alles andere läßt sich lernen. Die tänzerischen Anforderungen in TEAM-dance 1 und 2 sind alles andere als hoch.

2 Als Voraussetzungen sollten Sie und Ihr Hund einen gut abgeschlossenen Vorbereitungskurs in TEAM-Balance mitbringen (Dauer zirka 6 Monate). Danach können Sie und Ihr Hund sofort mit TEAM-dance beginnen. Spielerisches Lernen und das Prinzip kleiner und kleinster Lernschritte bestimmen auch die Tanzmethodik.

3 Wenn Sie bisher eine Sportart mit automatischen Abläufen in der klassischen Unterordnung betrieben haben und nun zusätzlich das variabel aufgebaute TEAM-dance machen wollen, sollten Sie in beiden Sportarten unterschiedliche Hörzeichen verwenden.

4 Um erfolgreich zu sein, sollten Sie täglich und anfangs nur kurz üben: Ein- bis zweimal am Tag 5 bis maximal 10 Minuten (je nach Reife des Hundes und je nach Spielanteil auch etwas länger).

5 Wie lange dauert die Ausbildung? Man muß davon ausgehen, daß der Hund 1/2 Jahr für die Vorbereitungsstufe TEAM-balance benötigt. Ab da muß man für die TEAM-dance-Stufen 1 und 2 mit je 8 bis 12 Monaten rechnen, für Stufe 3 benötigt man zwischen 1 und 1,5 Jahren. Stufe 4 ist schwer zu erreichen. Die Ausbildung dafür ist nie abgeschlossen.

6 Wie teuer kommt die Grundausrüstung? Ist dort, wo Sie üben, ein Stromanschluß vorhanden, kommen Sie mit einem einfachen Kassettenrekorder aus. Besser ist ein CD-Player oder MD-Gerät (▸ Seite 44).

7 Kann man auch alleine üben? Dies ist zwar möglich und führt in einzelnen Fällen auch zum Erfolg. Aber die meisten brauchen Hilfe, denn die neuen Sportarten fordern ein beachtliches Wissen und Können und müssen sehr behutsam aufgebaut werden.

8 Sie können auch an Prüfungen und Turnieren teilnehmen. In Kürze wird die TWZ (▸ Seite 62) ihre Arbeit aufnehmen. Sie übernimmt die Ausbildung der Richter und Trainer und unterstützt überregional Vereine oder Schulen, die Prüfungen und Turniere ausrichten.

AUFBAU DER SPORTART TEAM-DANCE

Immer mehr Menschen wünschen sich den partnerschaftlichen Umgang mit ihrem Hund und keine harten Erziehungsmaßnahmen. Mit TEAM-dance steht eine neue Sportart zur Auswahl, die aus Spiel und Motivation entstand und gleichzeitig aufsehenerregende Anforderungen stellt.

Geschichte des TEAM-dance

In den späten achtziger Jahren begannen einige Hundeführer in Kanada und Europa, die klassischen Unterordnungs-Sportarten SchH und Obedience mit musikalischer Untermalung zu bereichern. Daraus entwickelte sich in mehreren Ländern nahezu zeitgleich und in unterschiedlicher Ausprägung der Mensch-Hund-Tanz, heute vielfach unter dem Überbegriff Dogdancing bekannt.

Anfang der neunziger Jahre begann auch Lind eine eigene Form des Tanzes zu entwickeln. Obwohl er früh erkannt hatte, daß die traditionellen Hundesportarten zum Teil nicht mehr zeitgemäß waren, vermied er es doch, die Entwicklung seiner neuen Sportarten schon in den Anfängen oder in Etappen zu veröffentlichen. Erst als das gesamte Ausbildungsprogramm mit TEAM-balance als Vorbereitungsstufe sowie den darauf aufbauenden Sportarten TEAM-sport und TEAM-dance ausgereift und die Regeln formuliert waren, trat er im Herbst 1998 erstmals an die Öffentlichkeit.

Für die neue Sportart TEAM-dance sind alle Hunderassen geeignet.

Der erste Auftritt der LIND-art®-Company fand am 10. Oktober 1998 in Zürich statt, am 24. Oktober 1998 folgte ein weiterer in Kaiserslautern, am 28. November 1998 in Wien. Inzwischen werden Seminare in TEAM-sport und TEAM-dance angeboten. Mehr und mehr Vereine und Hundeschulen sehen in den Programmen der LIND-art® die Ausbildung der Zukunft und richten ihren Schulungsbetrieb danach aus. Um den enormen Anforderungen dieser Bewegung gerecht zu werden, wurde 1999 die Gründung der TEAM-sport- und TEAM-dance-Förderungsgesellschaft TWZ (TEAM-work-Zentrum) in die Wege geleitet. Gemeinsam mit profilierten Vertretern verschiedener Sparten soll die Förderungsgesellschaft die Trainer- und Richterausbildung sowie die Austragung von Prüfungen und Turnieren koordinieren.

Faszination einer Entwicklung

TEAM-dance basiert einerseits auf der Tradition der klassischen Unterordnung, des Reitsports und der verschiedenen Tanzweisen, andererseits auf alternativen Ausbildungsmethoden, neuen Hundesportaufgaben sowie auf der Vorstellung, stereotype Abläufe durch variable zu ersetzen. Eine wichtige Motivation für TEAM-dance war

das Ideal der Mensch-Hund-Harmonie (→ Seite 11): Nicht der Hund sollte tanzen, indem er ein Kunststückchen nach dem andern zeigt und dafür belohnt wird, sondern das TEAM sollte kommunikativ und tänzerisch aufeinander eingehen! Der Mensch ist hierbei nicht nur (oder vorwiegend) Dirigent, sondern »Tänzer«. Die Anteile der Darstellung verteilen sich in TEAM-dance nach dem Vorbild des Paartanzes auf beide Tanzpartner betont ausgeglichen.
Der Hund erlebt den Tanz anders als der Mensch und kann daher in mancherlei Hinsicht überfordert oder fehlgefordert werden. Doch die Tatsache der andersartigen Erlebnissphäre schließt den partnerschaftlichen Tanz nicht aus, sie grenzt ihn lediglich ein. So gesehen erhält die Ausrichtung auf die Mensch-Hund-Harmonie eine zweite wichtige Bedeutung: Harmonie zählt zu den elementarsten Bedürfnissen des Hundes!

Ob Futter, Beute, Berührung oder Bewegung – der Hundeführer darf nie außerhalb des Interesses liegen.

Tänzerische Kommunikation

Außerdem muß der Mensch-Hund-Tanz so ausgerichtet sein, daß er für den Hund erfahrbar wird. Interpretation und künstlerischer Ausdruck sind zu transformieren. Aber wie? – Der Hund ist in der Lage, die Atmosphäre, die durch die Musik und den Tanzführer erzeugt wird, aufzunehmen und diese Stimmungslage in Bewegung umzusetzen. Zudem kann er auf Rhythmus reagieren und agieren. Hilft ihm der Mensch dabei, entwickelt sich diese Begabung weiter und weiter.
Daher wird in TEAM-dance besonderer Wert auf eine permanente positive Stimmungslage gelegt, indem der Tanzführer ständig bemüht ist, die positive Ausstrahlung der Musik in Kommunikation und Bewegung umzusetzen. Er hält aber nicht nur Blickkontakt zum Hund aufrecht. Auch das »Wie« der Hörzeichen verstärkt die positive Stimmungslage. Kommen dann noch arteigene Aufgaben hinzu, wie Gehen, Traben, Galoppieren, Springen und variable motorische Herausforderungen, ist der Hund vielschichtig motiviert.

Vorbilder für TEAM-dance

Die Vorführweise nach dem Vorbild des Paartanzes und die Tatsache, daß der Hund nur ein eingeschränktes Spektrum des Tanzes verarbeiten kann, betonen die Bedeutung der tänzerischen Kommunikation und den Wert gemeinsamer Bewegung. »Gemeinsames Bewegen im Tanz« hat den gemeinsam ausgeführten Schritt zur Folge. Daher standen in TEAM-dance von Anfang an die permanente positive Stimmungsübertragung (unterstützt durch Hörzeichen) und der Variosynchrone Schritt (→ Seite 23, 59) im Vordergrund.
Auch die traditionelle Unterordnung mit ihrem hohen sportlichen Anspruch an Perfektion und Zuverlässigkeit war in TEAM-dance von Anfang

an ein wichtiges Vorbild. Das Anknüpfen an die traditionellen Unterordnungsleistungen findet man übrigens auch in den anderen Dogdancing-Formen.

Der künstlerische Anspruch

Darüber hinaus wurde TEAM-dance durch die Musik geprägt. TEAM-dance sollte sich trotz wohlbedachter Einschränkungen nicht auf Sport beschränken, sondern sollte immer noch Tanz bedeuten, also auch ästhetische und künstlerische Ansprüche erfüllen, wobei die sportlichen Leistungen der Musik und der Choreographie unterzuordnen sind.

Der künstlerische Anspruch beinhaltet jedoch weitere Konsequenzen:

Der Tanzpartner Hund sucht den Blickkontakt mit dem Tanzführer, auch wenn dieser kein Motivationsobjekt in der Hand hat.

✔ Für den Tänzer bedeutet der Körper das Instrument. Wenn er aber seine Arme und Hände zum Halten und Führen von Leckerbissen oder Motivationsobjekten benötigt, ist ein Teil seines Instruments, und ein sehr wichtiges zudem, zweckentfremdet. Der Hund hat in der Regel nur noch die Wurst oder das Motivationsobjekt im Kopf. Er kommuniziert nicht mehr auf der Ebene der Stimmungsübertragung mit dem Tanzführer. Dadurch erleidet der Tanz eine zielentfremdende Verlagerung.

Auch bei Vorführungen darf sich der Hund durch nichts ablenken lassen.

✔ Der Hund wird immer der Hand mit dem Motivationsobjekt nachsehen, egal, wohin und in welcher Absicht sie bewegt wird. Das stört natürlich das Gesamtbild und degradiert die Bewegungen des Tanzführers zur Karikatur.

Aufgaben des Tanzes
Der Hund vermag mit dem Menschen im Rahmen seiner Möglichkeiten zu tanzen. Das heißt, der Tanz muß auf diese Möglichkeiten hin ausgelegt und kultiviert werden.
Dies wurde in TEAM-dance gelöst:
✔ durch ununterbrochene positive Motivation und Emotionalität während des Tanzes,

✔ durch ständiges Vermitteln von Hörzeichen anstelle von Sichthilfen, um gleichzeitig den Körper freizuhalten für den Tanz und den künstlerischen Ausdruck,
✔ durch den Variosynchronen Schritt im Wechsel zu Figuren, Trab- und Galopp-Einlagen,
✔ durch eingeflochtene Spiele im Training,
✔ durch behutsames, spielerisches Vermitteln der Aufgaben,
✔ durch abwechslungsreiche und variabel kombinierte Aufgaben.
Vermieden wurden:
✔ Dressurleistungen als Selbstzweck,
✔ übertriebene Effekthascherei,
✔ Aufgabenstellungen, die dem Hund gesundheitlich schaden oder widernatürlich sind,
✔ Aufgaben, die Vermenschlichung unterstützen.

Orientierung an der Tanztradition
Auf der Basis dieser Grundlagen entstand eine Tanzform, die alle Elemente des klassischen Tanzes beinhaltet, wie Raumaufteilung, Grundpositionen oder Bewegungsrichtungen. Auch grundsätzliche choreographische Möglichkeiten der Tanzpartner wurden übernommen.
Dies stellte gleich zu Anfang mehrere Herausforderungen:
✔ Die klassischen Hundesport-Unterordnungssysteme basieren auf automatisierten, stereotypen Abläufen, während die Tanztradition Variabilität in jedem Augenblick fordert. Ist der Hund dieser enormen Aufgabenstellung gewachsen?
✔ Der Hund bewältigt ein Vielfaches der Aufgaben, die bisher gefordert wurden. Diese nahezu unglaubliche Leistungssteigerung ist auf ein Ausbildungssystem zurückzuführen, das Integrale Motivation, Abwechslung, permanente Aufmerksamkeit, freundliche Kommunikation und positive Atmosphäre beinhaltet.

Diese Anpassungssteigerung ist kein rationaler Akt im Sinne einer menschlichen Leistung, sie ist als solche aber eine durchaus beachtliche kreative und intelligente Leistung.

Hörzeichenproblematik

Durch die Vielzahl der Hörzeichen und die Abkehr von der Automation ergaben sich als neue Schwierigkeiten, daß der Hund ähnlich klingende Hörzeichen bei Distanzaufgaben, schnell aufeinanderfolgenden Aufgaben oder in hoher Erwartungsstimmung oft verwechselte. Das lag daran, daß Abläufe im Tanz jedesmal andere und neue Anpassungen erfordern, zu deren Steigerung der Hund neue Strategien einsetzt. Er orientiert sich nicht mehr hundertprozentig nach Hörzeichen, sondern sucht nach Signalen, die noch vor den Hörzeichen auftreten. Das können auch Sichtzeichen sein.

Daraus hat sich ergeben, daß der Hund bereits im Anklingen der ersten akustischen Wahrnehmung versucht, eine Verknüpfung zu der damit wahrscheinlichsten Verhaltensweise herzustellen. Anfangs kam es bei TEAM-dance immer wieder zu Verwechslungen. Abhilfe schafften neue Hörzeichen.

Der Variosynchrone Schritt

In der ausgeprägten Form gehen Tanzführer und Hund exakt zum Rhythmus, ähnlich wie beim Paartanz. Gleichzeitig werden Positionen und Bewegungsrichtungen variiert.

Diese Tanzweise heißt deshalb »Vario«-synchroner Schritt, weil die Synchronisation immer wieder durch asynchrone Passagen (Soli) abgelöst wird. Außerdem gibt es beim

Schon Welpen erkunden ihre Möglichkeiten der Bewegung im Spiel.

Variosynchronen Schritt viele Abwandlungen der Schrittform.

Die genaue Beschreibung ist im TEAM-dance-Reglement (→ unten) wiedergegeben.

Freiheit und Reglement im Tanz

Der Tanz stand schon immer im Brennpunkt zwischen Freiheit und Reglement. Auf der einen Seite entspricht es dem Wunsch des Menschen, sich durch Regeln möglichst wenig einschränken zu lassen, auf der anderen Seite dienen Sportregeln der Chancengleichheit und der fairen Austragung. Außerdem wäre ein Vergleich ohne Regeln nicht möglich. Zudem wirken sich wohlbedachte Regeln nicht einschränkend, sondern bereichernd und stimulierend aus. Auch bei TEAM-dance waren Regeln unumgänglich, zum einen, um den Tanz als Sportform aufzubauen, zum anderen, um jenes tänzerische Fundament anzubieten, an dem sich der Tänzer orientieren kann.

Inhalte des TEAM-dance-Reglements

✔ Verankerung des TEAM-Gedankens und der Verpflichtung zur Mensch-Hund-Harmonie,
✔ Schutz des Hundes vor Ausnützung und artwidriger Aufgabenstellung,
✔ Besinnung auf die 15 Inhalte des Olympischen Komitées,
✔ Bereitstellen von Orientierungshilfen,
✔ Aufzeigen der grundsätzlichen tänzerischen Möglichkeiten,

Pflicht und Kür im TEAM-dance

TEAM-dance

Technischer Teil (Pflicht)		Künstlerischer Teil (Kür)	
BESTANDTEILE	BEWERTUNG	BESTANDTEILE	BEWERTUNGS-INHALTE
Pflicht-Standards und Elemente	bestanden, nicht bestanden. - Punkte	**a** Musik	**A** Team-Harmonie
		b Kommunikation	**B** Künstlerischer Ausdruck
Kombinationen der Pflicht-Standards		**c** Pflicht-Standards	**C** Choreographie: unter anderem Interpretationslogik, Formale Ordnung und Durchsichtigkeit, Ideenreichtum, Raumnützung
		c Erweiterte Standards	
		d (freie, individuelle) Kreationen	**D** Technische Ausführung: unter anderem Schwierigkeitsgrad, rhythmische Präzision; motorische Präzision
			Team-Note, Führer-Note, Partner-Note

✔ Basis für sportliche Austragung (Leistungsvergleich),
✔ Definitionen und Vorgaben der Leistungsebenen,
✔ Sicherung der Mindestanforderungen,
✔ Grundlagen für Prüfungen und Turniere.

TEAM-balance als Vorbereitung

Im TEAM-dance-Reglement ist zudem verankert, daß die Zulassung des Teams zu Prüfungen oder Turnieren zum Schutz des Hundes die absolvierte Vorbereitungsstufe TEAM-balance voraussetzt.
✔ Da TEAM-dance auf der Freiwilligkeit des Hundes aufbaut, ist eine solide Erziehungs- und Kommunikationsgrundlage unerläßlich.
✔ Allein die Umsetzung der Bereiche Erziehung und Spiel stellt den Hundehalter bekanntlich

vor zahlreiche Probleme. Wollte man den Hund sozusagen mit Hilfe des Tanzes erziehen und ausbilden, käme noch ein weiterer Aufgabenkreis hinzu.
Es ist also vorteilhaft, den Tanz auf der soliden Basis der Vorbereitungsstufe TEAM-balance aufzubauen. Um an der Prüfung teilnehmen zu können, muß der Hund mindestens 8 Monate alt sein.

Die Pflicht

Ähnlich wie beim Eistanz ist jeder TEAM-dance-Leistungsstufe ein entsprechender Pflichtteil zugeordnet. Technischer Teil (Pflicht) und künstlerischer Teil (Kür) werden in TEAM-dance getrennt vorgeführt und bewertet. Das Team muß den Pflichtteil erfolgreich absolvieren, um zur Kür zugelassen zu werden.

Aufgaben der Pflicht:

✔ Sie sichert das allgemeine Leistungsniveau im Tanz.

✔ Sie stellt dem Tanz in jeder Leistungsstufe das Grundgerüst der Möglichkeiten zur Verfügung. Dadurch wird garantiert, daß die Kürvorführungen trotz individueller Vielfalt noch vergleichbar bleiben.

✔ Durch ihre relative Kürze stellt das Schwierigkeitsniveau keine überhöhten Anforderungen. Der Anspruch ist gerade so hoch, daß er den erwarteten Leistungsstandard in jeder Stufe gewährleistet.

Der Großteil der TEAM-dance-Standards (Pflicht) ist identisch mit den TEAM-sport-Standards. Diese Querverbindung bringt mehrere Vorteile. Wie man sich im Lauf der Zeit auch entscheidet, ob für Sport oder Tanz oder für beides, die aufgewendete Zeit war in jedem Falle zielführend. Ab Stufe 3 laufen allerdings die Standards beider Sportarten wegen zunehmender Spezialisierung mehr und mehr auseinander.

Die Anforderungen in der Pflicht sind im Rahmen der Prüfungen einheitlich vorgegeben. In Turnieren werden sie für jede Veranstaltung vom beauftragten Richter neu zusammengestellt.

Die Kür

Neben einem Minimum an Pflicht-Standards müssen Erweiterungs-Standards gezeigt werden. Der individuell offene Anteil der Kür wird durch sogenannte Kreationen (»Freie Elemente«) ausgefüllt. Kür und individuelle Kreationen dürfen jedoch keine Standards aus höherliegenden Leistungsstufen enthalten.

Bei der Bewertung gilt: »Ausdruck geht vor Schwierigkeit!« Nicht die schwierigeren Einzelaufgaben bringen mehr Punkte, sondern jene Vorführung, die technisch souverän bewältigt wird und aus künstlerischer Sicht im Ausdruck überzeugt.

Die subjektive Komponente ist leider bei künstlerischer Bewertung nie auszuschließen. Um die damit verbundenen Bewertungsrisiken möglichst klein zu halten, gibt es bei TEAM-dance immer mehrere Richter.

Das Tanzfeld

✔ Die offizielle Prüfungs- und Turniergröße für Einzel- und Doppelteams ist mit 13 x 17 m angegeben, die Längsseite ist dem Publikum zugewandt. Zuschauerplätze lassen sich bei Veranstaltungen im Freien je nach Örtlichkeit auf 1, 2 oder 3 Seiten einrichten. TEAM-dance kann man auf diese Weise aus unmittelbarer Nähe miterleben. Ein Sicherheitsabstand von 4 bis 5 m zur Feldeinfassung schirmt das Tanzteam gegen Ablenkungen oder auch Störungen ab.

Der TEAM-dance-Führer nützt den gesamten Körper zur tänzerischen Aussage. Daher keine Sichthilfen. Der Hund wird allein durch Hörzeichen geführt.

TIP

Voraussetzungen zum Mitmachen?

✔ TEAM-dance ist für alle Rassen geeignet. Musik und Tanzstil können frei gewählt werden, und deshalb läßt sich die Choreographie auf rasse- und individualbedingte Vorgaben ausrichten.

✔ Das Mindestalter des Hundes für die Zulassung zur Prüfungsstufe 1 beträgt 14 Monate. Von Stufe 1 zu 2 und von 2 zu 3 müssen jeweils mindestens 6 Monate vergangen sein, von Stufe 3 zu 4 12 Monate.

✔ In einer Stufe kann man höchstens 2 Jahre auftreten. Auftritte danach sind ohne Bewertung, aber mit Richterkommentar erlaubt, um jenen, die aus irgendwelchen Gründen nicht weiter aufsteigen wollen oder können, den aktiven Sport noch angemessen attraktiv zu erhalten.

✔ Bei Formationsaufführungen (ab 3 Teams beziehungsweise 5 Akteuren) wird die Fläche auf 16 x 20 m erweitert. Formationen unterstehen keinen festen Strukturbedingungen, es können zum Beispiel auch 2 Mensch-Hund-Teams und 1 Solotänzer auftreten.
Für das Training reichen wesentlich kleinere Flächen aus.
Das Tanzfeld ist in 8 Richtungen aufgeteilt, die mit den Zahlen 1 bis 8 im Uhrzeigersinn (Publikumshauptrichtung ist vorne Mitte) auf gut ablesbaren Tafeln gekennzeichnet sind.

✔ Im Pflichtteil dienen die Tafeln der Aufgabenvermittlung.

✔ Im Training bieten sie dem Tänzer schnellere und bessere Orientierung.

✔ Bei Prüfungen und in Turnieren helfen sie dem Richter und Publikum, die Raumnützung einer Choreographie besser nachvollziehen zu können.

Bei Aufführungen ist darauf zu achten, daß

✔ die Musik an jedem Ort des Tanzfeldes annähernd gleich gut zu hören ist.

✔ die verfügbare Fläche im Dienste der künstlerischen Aussage und der choreographischen Logik optimal genützt wird.

Die Musik

Vorgegeben ist lediglich die Dauer des Musikstückes. Sie wird von Leistungsstufe zu Leistungsstufe ausgedehnt:

✔ Stufe 1 dauert 1 bis 2 Minuten,

✔ Stufe 2 dauert 1,5 bis 2,5 Minuten,

✔ Stufe 3 dauert 2,5 bis 4,5 Minuten,

✔ Stufe 4 dauert 2,5 bis 6 Minuten,

✔ Seniorenstufe dauert 2 bis 4,5 Minuten.

Längere Stücke bringen in der Bewertung keinen Punktevorteil.

Die Musikwahl ist weitgehend frei, der Tanzführer kann aus allen erdenklichen Musik- und Stilrichtungen das für ihn und seinen Hund Geeignete auswählen.

Potpourris sind nicht zugelassen, weil

✔ durch das Zerschneiden und Aneinandersetzen verschiedener Kompositionen der musikalische Zusammenhang verlorengeht.

✔ Musik nicht »benutzt« werden sollte, um möglichst viele Schrittweisen und Einzelaufgaben »unterzubringen«, sondern eine »Interpretation« erfahren sollte.

✔ die Aneinanderreihung unterschiedlicher Rhythmen oder Tempi häufig Ausdruck einer mangelhaften Fähigkeit, Musik in Tanz umzusetzen, oder das Zeugnis eines verarmten Kunstverständnisses ist, das Effekthascherei und Akrobatik mit Choreographie und Sportlichkeit gleichsetzt.

Zur »Auslegung« der Musik« (Choreographie) gibt es in TEAM-dance keine Vorschriften. Die musikalischen Ebenen Melodie, Rhythmus, Klang, Form und Text, die im Musikkunstwerk ineinander greifen, müssen genutzt werden. Sie gilt es, entweder intuitiv zu erkennen oder zu analysieren und in einer Art Nachschöpfung wiederzubeleben. Der Phantasie und Kreativität sind hierbei keine Grenzen gesetzt. Es bleibt dem einzelnen überlassen, ob er ein Musikstück rhythmisch, melodisch oder thematisch betont oder ernst, witzig, mahnend oder nur als Ausdruck der Lebensfreude umsetzt. Fällt der Tanzführer jedoch in einen Alleingang, den der Hund nicht mehr nachvollziehen kann, so wurde der oberste Bewertungsgrundsatz verfehlt, nämlich die TEAM-Harmonie. Dies hat drastische Punktverluste zur Folge.

Beide Tanzpartner drücken in dieser Figur ihre Zuneigung aus.

Kommunikation und Motivation

Da in TEAM-dance der gesamte Körper für den künstlerischen Ausdruck zur Verfügung stehen muß, ergibt sich das Problem, wie man den Hund motiviert. Dazu sind alle Kenntnisse und Fertigkeiten aus der Vorbereitungsstufe TEAM-balance gefragt, nach deren Abschluß beide Teampartner sinnvoll miteinander kommunizieren und spielen können. Der Hund hat auch gelernt, konzentriert und engagiert zu warten. Im Tanz begegnen uns dieselben Aufgaben, nur noch ausgeprägter. Es muß gelingen, mit dem Hund nicht nur in belohnender Weise zu kommunizieren, sondern die Sache derart interessant zu machen, daß der Hund kein Auge mehr vom Tanzführer läßt.

Hierzu bieten sich an:

✔ stimulierende Bewegungsaufgaben,

✔ positiv ausgerichtete Stimmungsübertragung (Tanzführer und Musik),

✔ verhaltensverstärkende Aktionen, wie verbales Lob und Spiel als Belohnung,

✔ unvorhersehbar eingeflochtene Spiele,

✔ hündische Kommunikationssignale.

Konkrete Aufgaben werden durch Hörzeichen (→ Seite 30) vermittelt. Da nur sie die freie Bewegung für den Tanz ermöglichen, sollten sie genutzt werden, auch wenn es für den Hund schwieriger ist, ihnen zu folgen. Allerdings lernt der Hund durch das Unterscheiden vieler Hörzeichen immer besser, die umfangreiche akustische Kommunikation des Tanzführers aufzunehmen. Voraussetzung dafür ist wiederum eine anhaltend positive Stimmung. Der Hund erwartet Hörzeichen lustvoll und liest sie förmlich von den Lippen, denn im Tanz gibt es in jedem Augenblick neue, akustisch vermittelte Aufgaben.

Standards, Elemente und Kreationen

Um vor lauter Einzelübungen (Elementen) nicht den Überblick zu verlieren und um für die Bereiche Ausbildung und Bewertung einheitliche Strukturen bereitzustellen, wurde TEAM-dance nach Ordnungsprinzipien aufgebaut und gegliedert.

Das »Vorführmaterial« besteht aus Standards, Elementen und Kreationen.

✔ Unter Standards versteht man in TEAM-dance übergeordnete Bereiche, wie Positionen, Schrittweisen, Richtungen, Raumwege, oder Aufgaben, wie Nähe und Distanz oder Aktion und Warten.

Zum Beispiel: Im ersten Standard (→ Seite 32) sind die »Grund-Positionen« aufgeführt. Sie erläutern, wie die beiden Tanzpartner (in gedachter Draufsicht) zueinander stehen, sitzen oder liegen.

✔ Elemente sind in sich geschlossene Aufgaben; sie sind den Standards untergeordnet.

Zum Beispiel: Die Parallel-Positionen <Links> und <Rech> sind Elemente des ersten Standards innerhalb der Positionen (Tabelle, Seite 32). Zur Hervorhebung und besseren Unterscheidung erhielten diese Elemente die für TEAM-dance verhältnismäßig langen Hörzeichen. <Rech> bietet gegenüber <Rechts> eine deutlich bessere Differenzierung zu <Links>.

✔ Kreationen werden häufig von Standards und Elementen abgeleitet. Mit ihrer Hilfe kann das persönliche Repertoire erweitert und die Tanzvorführung individuell geprägt werden. Eine ausführliche Beschreibung der Ausführung, Bezeichnungen und der entsprechenden Hörzeichen aller Standards und Elemente findet man im TEAM-dance-Reglement (→ Seite 23)

Posen, Schritte und gemeinsame Figuren wechseln einander ab.

und in dem in Vorbereitung stehenden Lehr-
werk über TEAM-dance. Die Tabelle auf den
Seiten 32 bis 34 ist eine vereinfachte Darstellung davon.

Sichthilfen und Hörzeichen

Sichthilfen sind in den TEAM-dance-Stufen 1
und 2 erlaubt, aber mit Punkteabzug verbunden. In Stufe 3 und 4 sind sie nicht mehr erlaubt.
In der Tabelle Seite 32 bis 34 erkennt man die
Fülle der TEAM-dance-Hörzeichen: Rund 30
Hörzeichen allein für die Elemente in der
Grundform (in der traditionellen Unterordnung
gibt es zum Vergleich nur 9 Hörzeichen). Mit
den üblichen Abwandlungen kommt man in

*Wann der Hund losläuft, ob er abspringt
oder unten durchlaufen soll, das vermittelt
die Tanzführerin mit Hörzeichen.*

TEAM-dance leicht auf 70 Hörzeichen, unter
Berücksichtigung der unterschiedlichen Kombinationen und Feindifferenzierungen in Stufe 4
auf weit über 100.
Mancher wird sich fragen, ob das der Hund
schafft. Im Lauf der TEAM-dance-Entwicklung
hat sich herausgestellt, daß der Hund dazu in
der Lage ist – hochaktiv und freudig. Sogar der
Variosynchrone Schritt (→ Seite 23, 59) läßt
sich mittels Hörzeichen in jedem einzelnen
Schritt und in jedem Tempo mit erstaunlicher

Zuverlässigkeit steuern. Um mit den Hörzeichen gezielt umgehen zu können, wurde das Hörzeichen-Kompendium des TEAM-dance entwickelt. Diese Pionierarbeit wird möglicherweise die Hundeausbildung weit über den Tanz hinaus verändern. Denn das gezielte Umgehen mit Hörzeichen im Sinne der Aufnahmemöglichkeiten des Hundes ist sicher eine neue Herausforderung im Hundesport. Und im Tanz kommt ja die choreographische Umsetzung noch hinzu. In der Praxis hat sich gezeigt, daß man dem Hund Zeit lassen muß. Bestimmte Aufgaben, wie etwa der Variosynchrone Schritt oder die vielen Kreise, Pirouetten und Zirkel, sind nicht im Handumdrehen zu bewältigen. Auch nicht durch übermäßigen Einsatz!

In höchster Konzentration und voller Erwartung sucht der Hund den Blickkontakt zum Tanzführer.

Umgang mit TEAM-dance-Hörzeichen

✔ Mit wenigen Ausnahmen sind die Elemente im TEAM-dance immer auf den Hund bezogen definiert. <Links> heißt demnach, der Hund befindet sich auf der linken Seite des Tanzführers; mit <ti> oder <pe> wird der Schritt des Hundes angegeben.

✔ Alle Hörzeichen werden vom Hund aus gesehen gegeben. Im Beispiel »Hund in Front-Position geht vorwärts, Tanzführer rückwärts« müßte

der Tanzführer dem Hund <ti> für die linke
Vorderhand vermitteln, gleichzeitig würde er
selbst mit dem rechten Bein nach hinten gehen.
✔ Problem des Timings: Der Tanzführer weiß
schon lange, welches Element als nächstes
folgt, der Hund nicht. Er ist auf Hörzeichen angewiesen, doch diese kommen für ihn oft zu
spät. Man kann nicht erwarten, daß der Hund
eine Übung im gleichen Augenblick ausführt, in
dem das Hörzeichen anklingt. Die Hörzeichen
müssen daher rechtzeitig vermittelt werden. Für
die besonders wichtigen Phasen des Angehens
und Anhaltens werden daher sogenannte An-
kündigungs-Hörzeichen vorangestellt: Zum Beispiel bedeutet <go–ti> »aufgepaßt, vorwärts-
gehen, mit der linken Vorderhand beginnen«.

*Auf ein leises, freundliches <Platz> wirft er
sich auf den Boden, ohne die Kommunikation
auch nur einen Augenblick zu unterbrechen.*

✔ Bei vielen Aufgaben reicht ein einziges Hörzeichen nicht aus. Soll beispielsweise ein Hund
(in TEAM-dance-Stufe 4) rückwärts mit der
linken Vorderhand angehen, so gibt man ihm
rechtzeitig und hintereinander die Hörzeichen
<rück> und <ti>.
✔ Der Hund hört nicht nur Hörzeichen, er sieht
sie auch, indem er die Mundbewegungen und
die vom Zwerchfell ausgehenden Körperbewe-
gungen beobachtet. Dies wurde bei der Entwicklung der Hörzeichen berücksichtigt.

TEAM-dance-Kompendium: Standards, Elemente und Hörzeichen

Standards	Elemente (Pflicht- und Erweiterungs-Elemente)	Hörzeichen
1 Grund-Positionen	1a) Parallel-Position Links 1b) Parallel-Position Rechts 2) Front-Position 3) Linien-Positionen (M vor H, H vor M)	\<Links> oder \<Li> \<Rech> oder \<Re> \<Front> \<vorne> \<hinten>
2 Grund-Haltungen	1) Stehen 2) Sitzen 3) Liegen	\<Steh> \<Hock> \<Platz>
3 Positions-Wechsel	1a) Parallel von Links nach Rechts 1b) Parallel von Rechts nach Links 2a) Von Front nach Parallel links 2b) Von Front nach Parallel rechts 3a) Von Parallel links nach Front 3b) Von Parallel rechts nach Front x) Von jeder anderen Position nach Parallel links oder rechts y) Von jeder anderen Position nach Front	\<li> \<re> \<Links> \<Rech> \<Front> \<Front> \<Links> bzw. \<Rech> \<Front>
4 Haltungs-Wechsel	1a) Aus Steh Sitz 1b) Aus Steh Platz 2a) Aus Sitz Steh 2b) Aus Sitz Platz 3a) Aus Platz Sitz 3b) Aus Platz Steh	\<Hock> \<Platz> \<Steh> \<Platz> \<Hock> \<Steh>
5 (Variables) Herankommen	1a) Front-Position-Steh (H kommt aus der Nähe zum Hundeführer, richtet sich exakt frontal aus und steht) 2a) Herankommen aus mittlerer und großer Distanz mit abschließendem Stehen 2b) Herankommen aus mittlerer und großer Distanz mit abschließendem Sitzen 2c) Herankommen aus mittlerer und großer Distanz mit abschließendem Liegen 3a) Aus beliebiger Position in Linien-Positionen (H steht, sitzt oder liegt vor M in Linie) 3b) Aus beliebiger Position in Linien-Positionen (H steht, sitzt oder liegt hinter M in Linie)	\<Front> \<Hier–Steh> oder \<Komm..> oder \<come..> \<Hier–Hock> \<Hier–Platz> \<vorne> \<hinten>
6 (Variables) Entfernen	1a) Entfernen kleine Distanz (2 bis 3 Schritte) 1b) Entfernen mittlere Distanz (4 bis 8 Schritte) 1c) Entfernen lange Distanz (8 Schritte und mehr)	\<voraus>
7 Aktion und War-ten (M und/oder H)	1) H aktive Teile 2a) H kurze Wartephasen (1 bis 2 Sekunden 2b) H Mittellange Wartephasen (3 bis 4 Sekunden) 2c) H lange Wartephasen (mehr als 4)	entsprechende Hör-zeichen und Pausen

x, y sind beliebige weitere Positionen

TEAM–dance–Kompendium: Standards, Elemente und Hörzeichen

Standards	Elemente (Pflicht- und Erweiterungs-Elemente)	Hörzeichen
8 Nähe und Distanz	1) Nähe (Positionen) 2) geringe Entfernung (zirka 2 bis 3 Schritte) 3) mittlere Entfernung (zirka 4 bis 8 Schritte) 4) große Entfernung (mehr als 8 Schritte)	wie gehabt
9 Angehen und Anhalten	Angehen Anhalten	<Go.. (z.B. ti)>; <Go.. oder pe> ohne Vorber.: <Stop> oder <Steh> mit Vorber.: <Halt-Stop>
10 Hauptrichtungen (vorwärts, rückwärts, seitlich, diagonal)	1a) vorwärts in Front-Position 1b) vorwärts in Parallel-Position 1c) vorwärts in Linien-Position 2) H geht auf (stehenden) M zu (Front-Position) 3a), b), c) rückwärts gleich: M + H in eine Richtung (in den Grund-Positionen) 4) Aufeinander zugehen (Front-Pos.) aus Distanz 6) Auseinander gehen (M + H in entgegengesetzte Richtung) 7) rückwärts solo (H allein, M Pause oder Solo) 8) Seitlich 9) Diagonal	<go> oder <vor> <go> <go> <go> <rück> <go> <back> <back> <tra-ve> und <tra-vi> <tra-ve> und <tra-vi>
11 Gangarten	1) Schritt 2) Trab 3) Galopp	<Schritt> bzw. <ti-pe> <Trab>; bzw. durch <ti-pe> <Galopp> (ohne VSS)
12 Schrittweisen	1) 2er, 3er und 4er Schritt (und andere Metren) 2) Spanischer Schritt 3) Alla breve Schritt 4) Travers in Front und Parallel 5) Triolen-Schritt 6) Quartolen-Schritt x) weitere Schrittweisen	<ti> <pe> bzw. <pe> <ti> <ti-hi> <pe-he> <ti> <pe> + Frequenz und Stimmlage <tra-vi> <tra-ve> <ti-pe-ti> auf 1 Grundschlag <ti-pe-ti-pe> auf 3ergruppe
13 (einfache) Raumwege	1) geradlinig, 2) kurvig, 3) S Linien, 4) Quadrat, 5) Rechteck, 6) Dreieck, 7) Kreis, 8) Acht (siehe bei den entsprechenden Standards)	Soweit erforderlich, Hörzeichen der Wenden und Kreise
14 Wenden, Kehren, Zirkel-Wenden und Kopf-Wenden	1a) Abbiegen nach links 90 Grad (H) 1b) Abbiegen nach rechts 90 Grad (H) 2a) 180er Mit-Kehre links und rechts (M+H Parallel-Position in gleicher Richtung)	<win> <wen> <ki> <ke>

TEAM-dance-Kompendium: Standards, Elemente und Hörzeichen

Standards	Elemente (Pflicht- und Erweiterungs-Elemente)	Hörzeichen
14 Wenden, Kehren, Zirkel-Wenden und Kopf-Wenden	2b) 180er Gegenkehre links und rechts (M+H Parallel-Pos. in entgegenges. Richtung)	\<ki\> \<ke\>
	3a), b) M-Gegen-Zirkelwende links (Re Pos.) u. rechts (Li Pos.)	\<win\> \<wen\>
	4a), b) H-Gegen-Zirkelwende links (Re Pos.) u. rechts (Li Pos.)	\<ki\> \<ke\>
	5a), b) Kopfwenden links und rechts	\<schi\> und \<sche\>
15 Kreisen und Umrunden	1a) + b) Mit-Kreise 360° (xmal) Li und Re-Position	nach Bel. mit oder ohne HZ
	2a) + b) Mit-Teilkreise (180°, 270°) Li und Re-Position	\<ki\> \<ke\>
	3a) + b) Gegen-Kreise 360° (x mal) in Li und Re-Position	\<ki\> \<ke\>
	4a) + b) Gegen-Teilkreise (270°) Li- und Re-Position	\<ki\> \<ke\<
	5x) Rück-Kreise und Teilkreise in Li- u. Re-Pos.	\<Rück\>
	4x) Umrunden (M Pose, gehend oder Figur)	\<Run-din\> und \<Run-den\>
16 Pirouetten und Zirkel	1 x) Solo-Pirouette (Turns) 360° (x mal), links und rechts, nah und in Distanz, zeitgleich und zeitversetzt. In Li nach links, in Re nach rechts	\<twist\> bzw. \<twest\>
	2x) Team-Pirouetten: Mitrichtung, zeitgleich und zeitversetzt nach links und rechts	\<twist\> bzw. \<twest\>
	3x) Team-Pirouetten: Gegenrichtung, in Li oder Re, zeitgleich und zeitversetzt	\<ki\> bzw. \<ke\>
	4 x) Front-Zirkel	\<zi\> bzw. \<ze\>
	5 x) Vorderhand-Zirkel (Li-Pos. Uhrzeigersinn = +, Gegenuhrzeigersinn = -) und (Re-Pos...) Zirkel Re-Pos. Uhrzeigersinn = +, Gegenuhrzeigersinn = -; Spiegelbildlich in Li-Position	\<zi\> bzw. \<ze\>
	6 x) Hinterhand-Zirkel entsprechend	\<zi\> bzw. \<ze\>
17 Boden-figuren	1a und b) Seitliches Liegen li und re	\<liegen li\> bzw. \<liegen re\>
	2a und b) Rollen links und rechts (H)	\<Tur-bine\> bzw. \<Tur-bene\>
	3a) Vorrobben u.a.	
18 Sprünge	x) nach Belieben über (oder durch) Arme, Knie, Oberkörper (Hörzeichen für Entwicklung und Absprung)	\<Los–ab\> (Start und Absprung) oder \<Sprung–ab\> oder \<Start–ab\> oder \<Spring–ab\>
	x) unten durch (Gegensatz zum Sprung darüber)	\<Los–durch\> oder: \<Unten-durch\>
19 Variosynchrone Schrittweise (VSS)	x) In jedem Tempo und in allen Schrittweisen	\<ti\> \<pe\> und \<ti-hi\> bzw. \<pe-he\> sowie \<ho\>, als auch durch Stimmlage, Crescendo-Hörzeichen und punktierte Ankündigung

x, y sind beliebige weitere Positionen

Hörzeichen-Praxis

Die für TEAM-dance entwickelten Hörzeichen sind prägnante Silbenkombinationen, die dem Hund eine bessere Decodierung erlauben.

✔ Der Vokal »i« gilt als Synonym für alle Übungen oder Positionen, die nach links gehen, »e« entsprechend für rechts.

✔ <ti> und <pe> bedeuten den Schritt der linken und rechten Vorderhand des Hundes.

✔ <Links> und <Rechts> (zur besseren Differenzierung auch <Rech>) geben die Grundpositionen auf der linken und rechten Seite des Hundeführers an.

✔ Mit <li> und <re> wird der fliegende Seitenwechsel während des Vorangehens signalisiert.

✔ Mit <Zi> und <Ze> werden Zirkelfiguren eingeleitet.

✔ Manche Hörzeichen, wie <Platz> und <Steh>, sind aus der klassischen Unterordnung bekannt. In TEAM-dance muß der Hund jedoch alle möglichen Kombinationen der Positionen beherrschen.

✔ Welche Hörzeichen verwendet werden, ist in TEAM-dance freigestellt. Man kann entweder aus dem Kompendium auswählen oder eigene Worte verwenden. Da sich Richter in der Pflicht jedoch der empfohlenen TEAM-dance-Hörzeichen bedienen, muß sie der Tanzführer mindestens kennen.

✔ Das Hörzeichen <Sitz> wurde mit dem Ziel der besseren Unterscheidung modifiziert zu <Hock>.

✔ Das Repertoire kann durch Hinzuziehen verschiedener Sprachen erweitert werden. So eignet sich das Wort <Platz> vom phonetischen her wesentlich besser als beispielsweise

Aus Kreisen, Wenden und Zirkeln lassen sich Hunderte von Varianten ableiten.

<down> oder <par terre>. <Go> wiederum eignet sich hervorragend für das Angehen.

✔ Wenn man mit den vorhandenen Worten nicht weiterkommt, muß man den Mut haben, neue Hörzeichen zu prägen, die der Hund besser unterscheiden kann.

✔ Auf das weitverbreitete Hörzeichen <Fuß> wird verzichtet, denn es reicht für die komplexen Aufgaben, wie links und rechts oder vor und hinter dem Tanzführer gehen, exakt zeitorientiert angehen und ebenso anhalten, nicht aus.

✔ Aus den genannten Gründen gibt es in TEAM-dance für nahezu jede Aufgabe ein eigenes Hörzeichen (mit einigen Ausnahmen).

Stufen, Klassen, Sektionen

TEAM-dance ist in 4 Leistungsstufen mit zunehmendem Schwierigkeitsgrad aufgebaut. Die Steigerung ergibt sich durch das Hinzukommen neuer, komplexerer und technisch schwierigerer Elemente und Kombinationen. In der fünften und letzten Stufe, den Senioren, werden die Anforderungen wieder reduziert.

Nicht jede Choreographie muß alle 19 Standards beinhalten, da das Team in der Pflicht den Leistungsstandard ja bereits nachgewiesen hat. Es ist sogar empfehlenswert, nicht in jedem Stück alle Standards einzusetzen, sondern die Standards im Sinne der Interpretation und des Ausdrucks einzubringen. Diese Empfehlung dient nebenbei der Zielsetzung, Tanzdarbietungen abwechslungsreich zu halten. Es sollen auch nicht immer wieder die gleichen Elemente vorgeführt werden.

TEAM-dance-Sektionen

TEAM-dance wird in 3 Klassen und 5 Sektionen unterteilt (→ Grafik).

✔ TEAM-dance-Classic ist die zentrale Sektion. Hier kann jeder Takt choreographisch festgelegt und technisch perfektioniert werden.

In den Sektionen 2 bis 5 wird jeweils ein bestimmter Schwerpunkt herausgegriffen.

TEAM-dance-Unterteilung

TEAM-dance-Klassen

A TEAM-dance-Paare

B (kleine) TEAM-dance-Formationen
   (maximal 5 Akteure)

C (große) TEAM-dance-Formationen
   (ab 6 Akteuren)

TEAM-dance-Sektionen

1 TEAM-dance-Classic

2 TEAM-dance-Improvisation

3 TEAM-dance-Standardtänze

4 TEAM-dance-Programm

5 TEAM-dance-Freestyle

TEAM-dance-Kategorien

1	TEAM-Note	(Team-Bewertung)
2	TEAM-Partner-Note	(Schwerpunkt: Leistung des Hundes)
3	TEAM-Führer-Note	(Schwerpunkt: Tanzführer)

✔ Bei TEAM-dance-Improvisation wissen die Teilnehmer nicht, welche Musik aufgelegt wird. Sie müssen ihre Vorführung gemeinsam mit dem Hund aus dem Stegreif gestalten.

✔ TEAM-dance-Standardtänze wurde nach dem Vorbild der Standardtänze geschaffen.

✔ TEAM-dance-Programm, der Thementanz, ist eine besonders interessante Sektion,

Beim »Beutespiel« der Welpen geht es bei näherer Betrachtung oft mehr um soziale Inhalte als um die Beute selbst.

denn der Veranstalter kann ein bestimmtes Thema vorgeben, etwa einen Musikstil oder Musiktitel, eine bestimmte Musikgruppe, Komponist
oder Motto, den jedes Paar individuell interpre-
tiert. Derartige Themenvorgaben bieten dem
Publikum interessante Vergleichsmöglichkeiten.
✔ Bei TEAM-dance-Freestyle ist alles erlaubt.
Es soll vor allem den Experimentierfreudigen
und Avantgardisten genügend Raum zur Entfaltung gegeben werden. Auch akrobatische
Darbietungen finden hier eine Plattform.
Diskutiert wird derzeit noch eine sechste TEAM-
dance-Sektion: »Masters« mit hohem, professio-
nell tänzerischem Anspruch an den Tanzführer.

Kategorien

Für die Bewertung ist TEAM-dance in 3 Katego-
rien eingeteilt (→ Seite 36). Dies erlaubt dem
Teamführer, den Tanz auf die eigenen Bedürfnisse und Möglichkeiten anzupassen. Wenn ein
Tanzführer beispielsweise nur mit wenig eige-
nem tänzerischem Aufwand, etwa nur mit
Schritten, tanzen möchte, wird er sich von
vornherein nur in der Kategorie 3 anmelden.

Bewertungsmaßstäbe

Dies sind die in der Prüfungsordnung niederge-
legten Beschreibungen der qualitativen und
formalen Leistungsanteile. Die Höchstbewer-
tung beträgt 100 Punkte (→ Grafik, Seite 40).
Sie gliedert sich in je 20 Punkte für Pflicht,
TEAM-Harmonie, künstlerischen Ausdruck, Choreographie und technische Ausführung. Unter
Berücksichtigung der künstlerischen Priorität
ergeben sich auf diese Weise 60 Punkte für
qualitative und 40 Punkte für formale Leistungen (Pflicht plus technische Ausführung).
Den Punkten ist eine Note in Abständen von
je 5 Punkten zugeordnet:
✔ 16-20 Punkte entsprechen Note sehr gut,
✔ 11–15 Punkte entsprechen Note gut,

*Hier die obligatorische TEAM-dance-Geste
zu Beginn des gemeinsamen Tanzes.*

✔ 6–10 Punkte entsprechen Note ausreichend,
✔ 0-5 Punkte entsprechen Note ungenügend.
Ab 6 Punkten gilt die Prüfung als bestanden.
Die Sparten Pflicht, TEAM-Harmonie, künstlerischer Ausdruck, Choreographie und technische
Ausführung sind noch einmal nach Detailbe-
wertungsinhalten aufgegliedert, die in der Prüfungsordnung nachgelesen werden können.

Tanzführer-Note, Tanzpartner-Note

Zusätzlich zur TEAM-Leistung kann auch die
Trainer- und Tanzleistung einzelner Tänzer

Checkliste
Bewertungsgrundsätze

1 Homogenität: Die TEAM-dance-Vorführung soll eine in sich geschlossene Einheit widerspiegeln.

2 Vorbereitung, Ausbildung, Training, Prüfung und Turnier sind so zu gestalten, daß sie dem Ziel der Mensch-Hund-Harmonie dienen.

3 TEAM-Gedanke: Die Bedürfnisse von Mensch und Hund sollen in eine für beide vertretbare ethische Form gebracht werden.

4 Arteigen betonte Figuren und gemeinsam ausgeführte Schritte sollen choreographisch verbunden und gegenübergestellt werden. Überforderung ist zu vermeiden.

5 Künstlerisch-sportliche Leistung: Dazu bekennen sich TEAM-dance-Ausübende nach dem Vorbild der Olympischen Grundsätze.

6 Die künstlerische Aussage wird höher bewertet als Akrobatik und isolierte, technische Perfektion.

7 TEAM-dance-Geste (→ Foto, Seite 37): Damit gibt der Tanzführer sein Einverständnis zu den Bewertungsgrundsätzen.

(Tanzführer-Note) oder die der vierbeinigen Partner (Tanzpartner-Note) in je einer Nebennote gewürdigt werden. Auf diese Weise kann beispielsweise ein Tanzführer, der Mühe mit der eigenen Ausführung hat, für eine hervorragende Trainerleistung einen Preis erhalten. Oder es kann ein Tanzführer, der noch wenig Erfahrung im Aufbau eines TEAM-dance-Hundes mitbringt, für seine hervorragende Leistung als Tänzer gewürdigt werden.

Allerdings werden Nebennoten nur dann hoch bewertet, wenn die Bewertungsgrundsätze erfüllt sind (→ Seite 38). Isolierte, einseitige Leistungen, die den Anspruch der Homogenität nicht erfüllen, sind mit dem TEAM-Gedanken nicht vereinbar.

Außerdem steht es dem Veranstalter frei, zusätzliche Preise etwa für die beste Choreographie zu vergeben.

Die Bewertung wird jeweils von mindestens 2 Richtern durchgeführt. Der Veranstalter kann zusätzlich Konjuroren bestimmen. Diese Personen können aus den Berufszweigen Musik, Tanz, Sport, Journalistik, Hundezucht oder Forschung stammen.

Unverkennbar TEAM-dance

TEAM-dance wurde nach dem Vorbild des Paartanzes entwickelt. Das Reglement bezweckt einerseits den Schutz des Hundes vor artwidrigen und vermenschlichenden Schauleistungen, andererseits beinhaltet es die Grundlagen einer anspruchsvollen sportlichen und ästhetisch-künstlerischen Vorführung. Der TEAM-Gedanke wurde auf der Basis der Mensch-Hund-Harmonie, sportlichen Ideale und künstlerischen Ziele formuliert. Er findet seinen Niederschlag im Reglement und in der Struktur der Standards, Elemente und Kreationen. Da sich bei allen motorischen Fähigkeiten von Mensch und Hund der »gemeinsam ausgeführte Schritt« besonders

Pose (Tanz-Führerin) und Haltungswechsel (Tanz-Partner Hund).

gut eignet, den Team-Gedanken im Sinne einer »gemeinschaftlich sportlich-künstlerischen Vorführung« umzusetzen, stehen in TEAM-dance Schritte und Figuren einander gleichwertig gegenüber.
Eine Besonderheit in TEAM-dance ist der Vario-synchrone Schritt (→ Seite 23, 59) als Ausdruck einer hochkultivierten Teamdarstellung.

Seniorenstufe

Mit dieser Stufe ist in TEAM-dance erstmals in der Geschichte des Hundesports eine Plattform für anspruchsvolle Leistungen auch älterer, eingeschränkter oder kranker Hunde geschaffen worden. Zudem ist diese Stufe ein gelungener Ansatz, Tierliebe, Verantwortung und Sport in

Einklang zu bringen. Hat ein Hund 75 Prozent der durchschnittlichen Lebenserwartung seiner Rasse erreicht oder ist er nachweislich eingeschränkt oder krank, so kann er in der Seniorenstufe antreten. Er muß aber nicht.
Die meisten SchH-Hunde werden zirka 3 Jahre aufgebaut, dann werden sie 3 bis 4 Jahre im Turnier geführt. Mit 6 bis 8 Jahren sinken die Siegeschancen derart ab, daß es den Hundesportlern keinen Spaß mehr macht. Die Folgen sind bekannt: Der Hund wird verkauft, verschenkt, eingeschläfert, in eine Hundepension

Aufschlüsselung der Bewertung

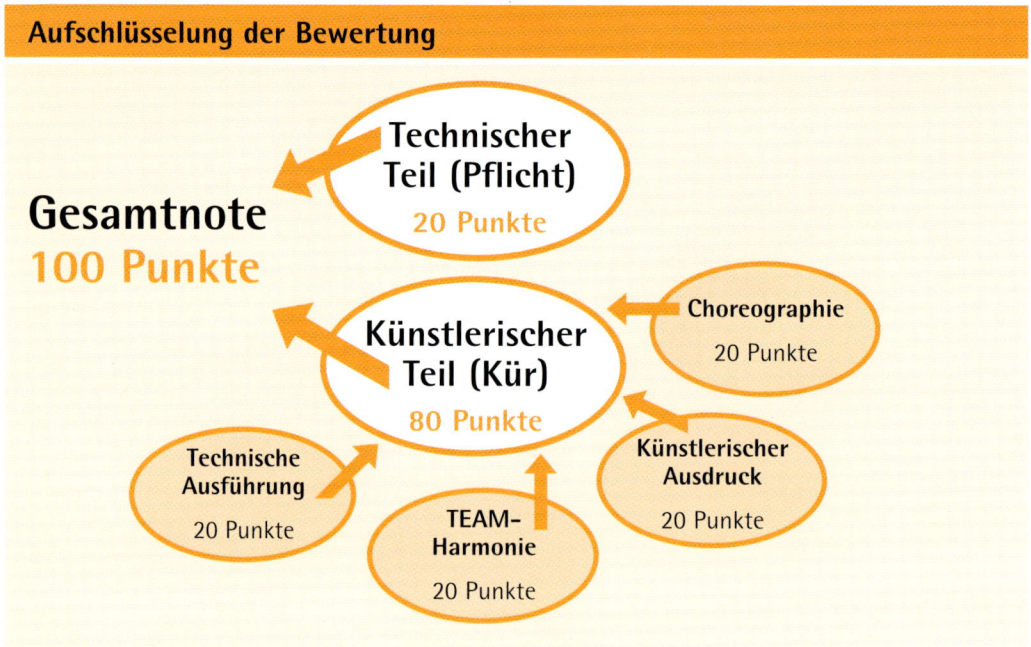

Gesamtnote
100 Punkte

Technischer Teil (Pflicht)
20 Punkte

Künstlerischer Teil (Kür)
80 Punkte

Choreographie
20 Punkte

Technische Ausführung
20 Punkte

TEAM-Harmonie
20 Punkte

Künstlerischer Ausdruck
20 Punkte

gebracht oder darf bestenfalls Hundepensionär sein. Dabei sind viele Hunde mit 6 oder 8 Jahren durchaus noch in der Lage, hervorragende Tanzleistungen zu präsentieren. Man darf sogar sagen, daß man gerade vom älteren Hund in dieser Sportart, wo das Mit- und Füreinander im Vordergrund stehen, mehr erwarten kann als von jüngeren Hunden. Sprünge und sichtliche individuelle Überforderungen sind jedoch in der Seniorenstufe verboten. Aber auch der TEAM-Führer geht nicht leer aus, denn er kann seinen Hund, in den er viel Zeit und Engagement investiert hat, 3 bis 5 Jahre länger führen und muß nicht verfrüht 2 Hunde gleichzeitig halten.

Qualitative und formale Leistungen

Bei diesen Anforderungen wurde ernst gemacht mit dem alten Traum vom »freudigen Hund«. Als Lippenbekenntnis war er schon immer mo-

dern. Bei näherer Betrachtung hat man ihn jedoch immer wieder verraten.

Hörzeichen-Kompendium

In TEAM-dance wird der Hund durch die umfangreichen Hörzeichen geführt. Diese sind auf der Grundlage des Ersterkennungswertes, Ähnlichkeitswertes und Differenzierungswertes akustischer Signalwirkungen sowie auf der Grundlage der visuellen Signalinhalte gesprochener Worte und Laute (Lippen, Wangen, zwerchfellbedingte Oberkörperveränderungen) in einem umfangreichen Kompendium zusammengefaßt.

Motivationsobjekte

Sie dürfen bei Vorführungen mitgeführt werden, allerdings nicht sichtbar. Am Ende der Vorführung darf der Teamführer das Motivationsobjekt zeigen, hinauswerfen oder anderswie offerieren. Um Ausufern vorzubeugen, muß er das Tanzfeld innerhalb von 6 Sekunden verlassen haben.

Auftritts-Test

Nach dem Vorbild der Reiter gibt es in TEAM-dance und TEAM-sport die Möglichkeit, dreimal im Jahr bei einer Prüfung einen Vorführ-Test anzutreten, der nicht bewertet wird. Er dient dazu, Auftrittserfahrung zu sammeln und zu vermeiden, daß der Hund mit dem Auftritt nachteilige Verknüpfungen schließt. Innerhalb dieses Tests ist es erlaubt, ein kurzes freies Spiel mit einer maximalen Dauer von 8 Sekunden einzubringen, denn der Hund soll nicht die frustrierende Erfahrung machen, bei Prüfungen oder Turnieren wird nie gespielt.

Übungs-Korrektur

Hat der Hund in der Pflicht oder in TEAM-sport eine Übung verpatzt, so darf der Hundeführer nach Hochheben der Hand diese Übung maximal zweimal wiederholen, auch mit zwangsfreien Hilfen. Dieser Übungsteil erhält allerdings die Bewertung 0. Der Vorteil liegt darin, daß der Hund nicht mit der Erfahrung vom Platz geht, »das Falsche war in Ordnung«.

TEAM-dance aus medizinischer Sicht

TEAM-dance wurde von Medizinern als ausgesprochen gesundheitsschonende Sportart bezeichnet. Selbst ältere und teilweise eingeschränkte Hunde können mitmachen und noch erstaunlich überzeugende Leistungen erbringen. Zum Schutz des Hundes sind TEAM-dance-Richter angewiesen, die Führer von auffällig kranken oder überforderten Hunden entsprechend darauf hinzuweisen und das Team in extremen Fällen von der Bewertung auszuschließen. Eine Sporttauglichkeits-Überprüfung

ist nicht vorgeschrieben, wird aber empfohlen. Richtlinien sind beim TEAM-work-Zentrum (→ Seite 62) erhältlich.

Reglement-Revision

Das Reglement bleibt nicht für alle Zeiten festgeschrieben und institutionalisiert, sondern soll den Ansprüchen einer sich schnell verändernden Gesellschaft gerecht werden. Daher ist in TEAM-dance und TEAM-sport die Revision des Reglements von vornherein Teil desselben. Alle 2 Jahre findet eine Konferenz der TWZ statt, auf der Veränderungen des Reglements diskutiert und gegebenenfalls bestimmt werden. Dieses Gremium setzt sich aus TEAM-dance-Fachleuten aller betreffenden Bereiche zusammen: Richter, Sportler, Trainer, Mediziner und Veranstalter. Darüber hinaus können auch Musiker, Tänzer, Choreographen, Komponisten, Redakteure, Verleger, Medienverantwortliche und andere Persönlichkeiten hinzugezogen werden.

Hier setzen beide Tanzpartner zu einem Sprung an. Vermenschlichungen wie Männchen machen sind in TEAM-dance verpönt.

PRAXIS DER SPORTART TEAM-DANCE

Für den Tanz ist die Vorbereitung in Spiel und Motivation elementar wichtig. Je besser die Grundlagen in TEAM-balance gelegt wurden, desto leichter erfolgt der Übergang zu TEAM-dance. Lassen Sie sich überraschen, wie das gewohnte Spiel durch Musik eine deutliche Steigerung erfährt.

Formale Voraussetzungen

Um zu TEAM-dance-Prüfungen und -Turnieren zugelassen zu werden, muß der TEAM-Führer folgende formale Unterlagen vorlegen:

✔ Lichtbildausweis
✔ Impfzeugnis
✔ Haftpflichtversicherungsnachweis
✔ Identifikationsnachweis (Ahnentafel oder nachträgliche Registrierung)
✔ Das vorgeschriebene Alter muß erreicht sein (→ Seite 16, 26)
✔ TWZ-Leistungsheft
✔ TEAM-dance-Geste (→ Seite 37, 49).

Alle Unterlagen sind bei der TWZ erhältlich.

Praktische Voraussetzungen

Es ist nicht einfach, Erziehung, Kommunikation, Spiel, Motivation und möglicherweise noch Ausbildungsaufgaben von Anfang an im Gleichgewicht zu halten. Daher mein Rat, mit dem Tanz erst zu beginnen, wenn die Fundamente in Erziehung und Ausbildung gelegt

TEAM-dance in Vollendung: Tanzführer in Arabesk, Tanzpartner im Sprung. Die Bewegungsfolge beim Hund ist rhythmisch exakt abgestimmt.

wurden. Das schließt allerdings nicht aus, den Tanz dann und wann behutsam mit einzubeziehen.

Voraussetzung ist jedoch, daß der Hund möglichst umfassend erzogen wird. Im Welpenalter haben die Zielsetzungen der Sozialisierung (Menschen und Artgenossen gegenüber), Vertrauensbildung, Erziehung sowie das Angebot an Förderungsreizen und Anpassungsmöglichkeiten absoluten Vorrang. Der Hund sollte einen modernen Welpenspielkurs genossen haben und anschließend einige Monate TEAM-balance durchlaufen.

Wer genügend Zeit hat und gleichzeitig das nötige Wissen und Können mitbringt, der wird jedoch das Welpenalter als die kostbarste Lernzeit des Hundes, auch im Tanz, nicht ungenützt verstreichen lassen.

✔ Aufbau der »syntonen Kommunikation« mit dem Hund, das heißt, mit dem Hund in Verbindung treten.
✔ Motivation des Hundes und gleichzeitig Bremsen mittels des »Geistigen Zügels« (als in Form gebrachte Autorität).
✔ Aufbau der »Integralen Motivation« auf der Basis hündischen Verhaltens: Motivation ist nicht nur Belohnung für eine ausgeführte Auf-

Checkliste
Nötige Technik

1 Abspielgerät: Das kann ein Kassettenrekorder, CD-Player oder der für den Tanz hervorragend geeignete MD-Player sein. Letzterer hat den Vorteil, daß man jedes Musikstück auf komfortable Weise in beliebig viele Teile zerlegen und wieder zusammenfügen kann. Jeder beliebige Einsatz läßt sich als Schleife so oft wiederholen, wie man es im Training benötigt.

2 Tragbare Geräte: Diese lassen sich in die Tasche stecken. Das Abhören erfolgt dann über Kopfhörer (empfehlenswert sind Jogging-Kopfhörer).

3 Metronom: Es zählt die Schläge pro Minute. Moderne Geräte sind heute meist in elektronischer Ausführung. Wählen Sie ein Metronom, das durch Drücken einer Taste die Metronomzahl sucht und auf einer LCD-Anzeige angibt. Auf diese Weise kann man sofort eruieren, ob das Stück vom Tempo her in Frage kommt.

gabe, sondern sie soll sich aus Freude am Tun selbst einstellen.

✔ Aufbau der »Permanenten Motivation« durch gezieltes Kultivieren des Spiels: Der Hund läßt sich durch nichts mehr ablenken.

✔ Die Rangordnung auf ein solides Fundament stellen, denn ohne stabile Rangordnung sind sportliche Aktivitäten auf Dauer nicht erfolgversprechend.

Das Ganze stets in Balance zu halten, bedarf viel Feingefühl und Beobachtungsgabe.

Wo üben?

TEAM-dance kann man nahezu überall üben, im Zimmer, Flur oder Garten, in der Garage, auf einer Wiese, Waldlichtung, am Strand, auf einem Parkplatz oder Hof und natürlich auf dem Hundeplatz oder in einer Reithalle. Mancher wird sich selbst ein Tanzfeld in den Maßen 13 x 17 m einrichten können. Zur Not reichen auch 12 x 16 m.

Solange man ohne Hund übt, eignet sich auch ein Gymnastiksaal, eine Pausenhalle oder andere überdachte Räume.

Wie üben?

Die wichtigsten Tips dafür sind:

✔ Der Tanzführer muß seinen Part wirklich gut wissen und können, bevor er den Hund ins Spiel bringt.

✔ Der Hund darf im Tanz unter keinen Umständen überfordert werden! Überprüfen Sie daher, ob die methodischen Schritte klein genug gewählt wurden. Bei Überforderung besser 2 oder 3 Lernschritte zurückgehen oder einen Zwischenschritt einbauen.

✔ Schaffen Sie eine positive Trainingsatmosphäre. Ungeduld und Zorn sowie mangelndes Engagement beeinträchtigen den Erfolg.

✔ Setzen Sie anfangs viel Körpersprache ein, bauen Sie diese schrittweise ab.

Wie lange üben?

Hierzu gibt es keine Regeln, denn jeder Hund reagiert anders. Als Anhaltspunkt gilt: Man sollte den Hund genau beobachten und sofort aufhören, wenn die ersten Anzeichen erschöpfter Konzentration oder abflauender Motivation festgestellt werden. Auffallend kurzanhaltende Motivation kann daran liegen, daß bei diesem TEAM die Balance nicht stimmt. Dann wäre es ratsam, unter Leitung eines erfahrenen Ausbilders die TEAM-balance-Grundlagen zu überprüfen und diesbezügliche Mängel zu beheben.

Welche Hilfsmittel sind nötig?

✔ Leitsets, bestehend aus Pfählen und Gittern sowie 2 Gerten zur Führung.

Viele Hunde lieben hochaktives Spielen. Je abwechslungsreicher, desto besser.

✔ Wo immer möglich, sollten Sie versuchen, ohne Zugleinen auszukommen und den Hund mittels Körpersprache, Mimik, Gestik und mit Motivation und Autorität (Geistiger Zügel) zu führen. Wenn Sie keine Leine verwenden, kommen Sie erst gar nicht in Versuchung, die eigene Hilflosigkeit mit Leinenrucken zu kompensieren.

✔ Der Tanzführer sollte gelernt haben, mit Motivationsobjekten aller Art umzugehen, und er sollte möglichst alle Motivationsbereiche bei der Arbeit nützen.

DOLMETSCHER

Das Beispiel »Abgeben der Beute« soll verdeutlichen, daß der Hund ein Wesen mit höchst komplizierten, sich überlagernden und mitunter auch widerstreitenden Verhaltensweisen ist. Ablassen von der Beute ist zunächst einmal unnatürlich. Bereits der Welpe lernt, daß Beute verteidigt werden muß. Trotzdem kann der Hund das Abgeben lernen. Häufig steht er dabei im Konflikt zwischen Instinkt und Anpassung (Adaption).

1. Beim spielerischen Wettstreit kann ein schwacher Hund an Selbstvertrauen gewinnen, ein zur Dominanz neigender Hund muß seinen Rang und die Spielregeln akzeptieren lernen.

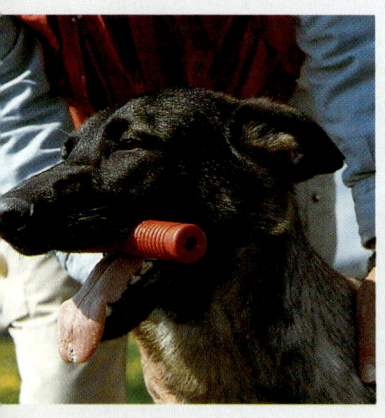

2. (Bild links außen) Im glaubwürdig gestalteten Spiel muß der Hund gewinnen können. Kurz nach dem Beutemachen ist die Jagdstimmung aber noch präsent.

3. (Bild links) Da die Beute nach dem Loslassen tot ist, beginnt die Jagdstimmung im Hund abzuklingen Er wird alsbald seine Konzentration auf andere Reize lenken, im Beispiel den Kopf in Richtung des neuen Reizes wenden.

4. (Bild rechts) Falsch wäre es jetzt, schnell das Motivationsobjekt fassen zu wollen. Dann würde sofort wieder der Instinkt aufflammen, die Beute zu verteidigen, im Bild sichtbar durch den veränderten Augenausdruck.

5. (Bild rechts außen) Instinktiv würde der Hund sofort erneut und heftig kontern.

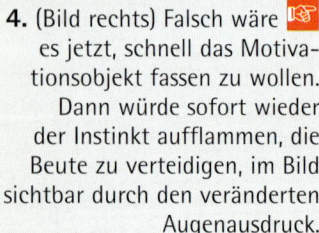

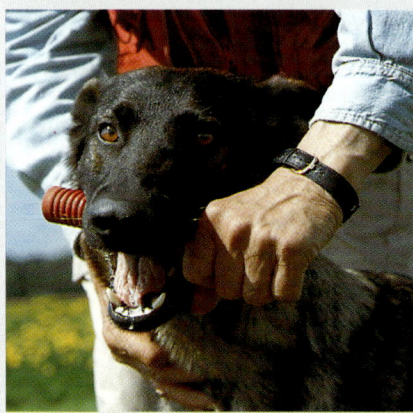

6. Richtig wäre es, das Abklingen der »Jagdstimmung« zu beobachten und abzuwarten, um dann ...

7. ... ruhig und gelassen ohne Hörzeichen das Motivationsobjekt zu greifen. Ein strenges oder unterordnendes <Aus> hätte das sofortige instinktive Aufflammen der »Jagdstimmung« zur Folge. Später kommt ein ruhiges, entspannend wirkendes <Aus> hinzu.

8. Eigentliche Konfliktsituation: Aufgrund seiner Erfahrung, daß er die Beute gleich wiederbekommt, läßt der Hund aus. Doch der Instinkt sagt: »Nicht hergeben!« Der Konflikt zeigt sich im Züngeln und Aufblitzen des jagdlich gestimmten Blickes.

9. Die für den Hund unangenehme Konfliktsituation darf nicht zu lange dauern, sonst festigt sich das Verhalten zu Gunsten des Instinktes. Das bedeutet, der Hund hat mit großer Wahrscheinlichkeit Probleme beim Abgeben.

10. Daher sollte man das Motivationsobjekt sofort nach dem <Aus> wieder beleben, indem man es in unmittelbarer Nähe auf den Boden wirft. Der Hund soll sozusagen im Konflikt erleben, daß dieser positiv umgewandelt wird.

═══════ **TIP** ═══════

»Freitanzen« ohne Hund

Damit ist der Stimmungszustand gemeint, der eintritt, wenn Sie den Ballast der Überforderung, der ständigen Aufmerksamkeit auf Abwicklung und Ausführung, aber auch Verspannung, Angst oder Befangenheit abgestreift haben. Am besten üben Sie zuerst ohne Zuschauer.

So gehen Sie vor:

✔ »Einschwingen«: Legen Sie Ihre Lieblingsmusik auf und beginnen Sie ohne Schritte zur Musik zu wippen.

✔ »Tänzerisches Schreiten«: Schwingt der Körper im Rhythmus mit, können Sie dazu übergehen, Schritte zu machen, ohne jedoch das Schwingen aufzugeben. Der ganze Körper ist beteiligt. Man muß sich richtig wohl fühlen und das Gefühl haben, im Einklang mit der Musik zu sein.

✔ Wenn Ihnen danach ist, summen oder singen Sie mit und versuchen Sie, immer freier zu werden.

Erste Annäherung

Sobald Sie sich freigetanzt haben, kommen die ersten Versuche mit dem Hund.

1. Wählen Sie die gleiche Musik, die Sie zum Freitanzen ausgesucht haben. Bereiten Sie den ersten gemeinsamen Versuch optimal vor, denn wenn es Ihnen gelingt, dem Hund sofort eine ähnlich positive Stimmung zu vermitteln, wie Sie sie beim Freitanzen erlebten, haben Sie einen wichtigen Schritt geschafft.

✔ Fordern Sie anfangs keine Leistungen. Der Hund soll Musik und Tanz als etwas Angenehmes, Verbindendes erleben.

✔ Stimulieren Sie den Hund mittels Bewegungen, Stimme, Gestik und Mimik mitzumachen. Lassen Sie ihn jedoch selbst machen! Beobachten Sie nur.

✔ Verstärken Sie seine Einfälle durch Lob.

✔ Die Dauer dieser ersten Versuche kann einige Tage oder Wochen betragen, je nachdem, wie gut sich der Hund konzentrieren kann und motivieren läßt. Nicht die Länge ist entscheidend, sondern die Qualität. Die Übungseinheiten selbst sollten eher zu kurz als zu lang sein.

2. Geht der Hund auf Musik und Ihre tänzerische Stimulation ein, folgt freies Spiel zur Musik. Danach gestaltet der Hundeführer das Spiel nach der Musik. Das heißt,

✔ er kontert beispielsweise annähernd zum Rhythmus,

✔ er dreht sich während des Spiels rhythmisch im Kreis,

✔ er intensiviert bei einer besonders aussagestarken Stelle das Spiel,

✔ er hält bei einer Stelle, wo alle Instrumente und Stimmen schweigen, im Sinne eines Achtung-Signals inne und erstarrt. Setzt die Musik wieder ein, folgt beispielsweise ein Auslöser, und das freie Spiel zur Musik wird fortgesetzt. Die Festigung dieser Phase braucht mindestens 2 Wochen (eher länger!). Sie werden feststellen, daß der Hund nach kurzer Zeit allein schon beim Einschalten der Musik in eine positive Stimmungslage gerät.

3. Mit zunehmender spielerischer Einstimmung – im Wirkungskreis der Musik – kommen immer mehr Bewegungen, Richtungsänderungen und einfache Figuren (etwa Kreise) hinzu, die Sie am Rhythmus und an der Melodie orientieren. Erwarten Sie jedoch anfangs vom Hund keine synchronen Schritte! Pflegen Sie den »Improvisatorischen Tanz«. In dieser Form werden Spontaneität und Kreativität besonders gefordert und gefördert.

»TEAM-dance-Geste« und freies Spiel

Der Tanzführer betritt mit seinem Hund das Vorführfeld. Sobald er für seine Vorführung bereit ist, hebt er die Arme zur TEAM-dance-Geste (→ Seite 37). Sie hat mehrfache Bedeutung:

✔ Sie dient der Verständigung des Tänzers mit dem Techniker. Dieser hebt die Hand, wenn er vom Richtertisch die Freigabe für den Start erhalten hat und wenn die Musikquelle eingelegt und abspielbereit ist. Sobald der Tanzführer die Arme senkt und die Hände die Oberschenkel berühren, wird die Musik gestartet. Von da an sind noch zirka 4 bis 5 Sekunden Zeit. In der Wartephase bis zum Einsetzen der Musik soll der Hund in hoher Konzentration und freudiger Erwartungshaltung sein. Der so beschriebene Ablauf gibt dem Tanzführer die Möglichkeit,

Foto links: Nach der Geste setzt sich das Team unter Blickkontakt in Bewegung. Foto rechts: Nach jeder richtig durchgeführten Übung folgt das Lob.

den Beginn weitgehend selbst zu gestalten. Gleichzeitig ist diese Routine auch dem Richterteam und der Technik dienlich.

✔ Sie hat Symbolgehalt: Mit dem Hochheben der Arme und in den sich berührenden oder schließenden Händen drückt der Tanzführer sein Bekenntnis aus zur:
• Mensch-Hund-Harmonie
• ethischen Verantwortung
• TEAM-Vorführung im sportlichen Geist.
Wer zur TEAM-dance-Geste nicht bereit ist, kann in diesem Forum nicht auftreten.

✔ Sie bietet einen hervorragenden Einstieg für das Tanztraining: Nachdem der Tanzführer alle erforderlichen Vorbereitungen getroffen hat, wie Aufstellen der Audio-Anlage, Einlegen der Musikquelle, Auslauf für den Hund, keine Ablenkungen, läuft er mit dem Hund auf das Übungsfeld. Dort stellt er sich vor den (stehenden, sitzenden oder liegenden) Hund, führt die TEAM-dance-Geste aus und startet die Musik. Während der Wartephase versucht er, den Hund mittels Körpersprache und Blickkontakt in erwartungsvolle Spannung zu bringen. Wichtig ist, daß der Hund Interesse am Tanzführer zeigt und nicht nur mit hypnotischem Blick durch die Westentasche sieht, wo er das Motivationsobjekt versteckt wähnt. Gleich zu Beginn des ersten Taktes folgt der gewohnte Auslöser und das freie Spiel.

Spielerisch kann man schon sehr früh mit tänzerischen Vorübungen beginnen.

Bereits nach wenigen Tagen wird der Hund allein schon bei der Vorbereitung zur TEAM-dance-Geste in Stimmung kommen. Erfahrene TEAM-dancer pflegen dieses Ritual selbst mit Hunden, die schon jahrelang tanzen und die Aufgaben der höchsten Stufe bewältigen.

Weitere Schritte

1. Nun wird das Spiel durch Einbau rhythmischer und melodischer Momente immer mehr in Anlehnung an die Musik geformt. Der Hund lernt auf diese Weise, seine arteigene Bewegungsroutine einzubringen – ohne Zwang und Streß.

2. Dann bringen Sie, wiederum passend zur Musik, das ein, was der Hund schon kann, beispielsweise <Hock>, <Platz>, <Stop>, <Hier> oder Links- und Rechts-Wenden.

Auch hier gilt:

✔ Äußerst behutsam vorgehen!

✔ Beobachten Sie den Hund, und halten Sie Stimmung und Kontakt zu ihm aufrecht.

✔ Vermeiden Sie Anhäufungen von Aufgaben!

✔ Kehren Sie immer wieder in das gelassene »Freitanzen« zurück, und binden Sie immer wieder Spiele ein, wie Bewegungsspiele, Zuneigungsspiele und natürlich auch Futter- und Beutespiele.

Bemerken Sie beim Tanzen, daß in einem Punkt die Balance nicht stimmt, sollten Sie versuchen, dieses Manko im täglichen Umgang zu bereinigen, bevor Sie im Tanz weitermachen! Viele Hunde haben beispielsweise Probleme, in einer Haltung ruhig zu verweilen, während sich der Tanzführer stark bewegt und auch die Arme für Ausdrucksmomente einsetzt. Daran muß man den Hund vorsichtig gewöhnen, das heißt, mit wenigen Bewegungen beginnen und das Ausmaß allmählich steigern.

Spricht der Hund auf Rhythmus und Melodie immer deutlicher an und kann er auch in einer Haltung verweilen, wann und wie lange Sie es wollen, dann haben Sie bereits einen großen Schritt vorwärts geschafft. Machen Sie Ihrem Hund sofort nach einer Aktion oder nach erfolgreichem Warten verständlich, daß das, was er gerade gezeigt hat, prima war. Dadurch bestärken Sie ihn.

Erarbeiten der Standards und Elemente

Die erste Ausbildungsphase wird nach zirka 1 bis 3 Monaten abgeschlossen sein. Nun können Sie dazu übergehen, das Standard-Repertoire zu erarbeiten.

Der Korridor als »passive Einwirkung«, um das Lernen einer Übung zu erleichtern.

Hierzu gibt es 2 methodische Wege:

✔ Übung wie gewohnt gleich mit Musik: Dieser ganzheitliche Weg ist angesichts der vielen ineinandergreifenden Faktoren jedoch mit einigen Risiken behaftet und sollte zumindest von Anfängern nicht eingeschlagen werden.

✔ Übung der Elemente ohne Musik: Dieser Weg ist sicherer und einfacher. Die Übungen werden zunächst einzeln und losgelöst von choreographischen und musikalischen Einflüssen einstudiert. Man beginnt am besten mit Elementen, die der Hund schon in ähnlicher Form kennt, oder mit Aufgaben, die ihm offenkundig nicht schwer fallen.

Choreographie

Bis eine Choreographie steht, sind viele Schritte des Verwerfens, Modifizierens, Neugestaltens und wieder Verwerfens notwendig. Das ist normal. Leider ist es aber auch frustrierend, sich immer wieder eingestehen zu müssen, daß man die optimale Lösung noch nicht gefunden hat. Eine gelungene Choreographie ist allerdings ein echtes Kunstwerk – zeitlos, einmalig und faszinierend.

Musikauswahl

Sie ist im Tanz mit am wichtigsten. Man darf nicht vergessen, daß einen das ausgewählte Stück lange, oft jahrelang begleitet und daß das Erstellen einer Choreographie enorm viel Zeit in Anspruch nimmt. Daher muß man bei der Musikauswahl jede erdenkliche Sorgfalt und Weitsicht walten lassen. Bevor man sich für ein Stück entscheidet, sollten mehrere Tanztests vorausgehen, ohne und mit Hund.
Ich empfehle Ihnen generell, sich von Fachleuten beraten zu lassen. Dies sind Personen, die Musik studiert haben, wie Musiklehrer, Orchestermitglieder, Komponisten oder Instrumentallehrer. Besonders begehrt sind natürlich Choreographen und Tanzlehrer, die neben ihren tänzerischen Fähigkeiten auch in Musik ein profundes Wissen und Können mitbringen. Ohne fachkundige Hilfe bleiben tänzerische Aktivitäten leider oft im Dilettantischen stecken. Ein Profi-Musiker kann auf Anhieb die für den Tanz so wichtigen Informationen der Grobanalyse (→ Seite 53) geben, wie Taktart, Auftakt oder Volltakt, Metrum, Rhythmus, formaler Aufbau sowie Besonderheiten. Vieles spricht dafür, das Knowhow des Profis zu nutzen.

Tänzerische Ideen

Hat man sich nach reiflichem Abwägen schließlich für einen Musiktitel entschieden, folgt als nächster Schritt die Stoffsammlung der tänzerischen Ideen. Auch hierzu sollte man sich genügend Zeit nehmen und auf keinen Fall ins Kraut schießen. Wer schon einmal eine Choreographie komponiert hat, weiß, daß es oft Monate, ja sogar Jahre dauert bis zu deren Feinform. Ändern, verwerfen, neu gestalten und wieder verwerfen, das ist durchaus typisch für den Reifungsweg einer Choreographie.
Es ist daher ratsam, eine Art Ideenliste anzulegen und parallel dazu verschiedenes auszuprobieren. Erst das Experiment beweist, ob und wie sich eine Idee in der Praxis bewährt. Je kriti-

Eine Bodenfigur, die nicht schwer auszuführen ist und sich gut für den Hund eignet.

scher Ideen geprüft werden, desto mehr Um-
und Irrwege ersparen Sie sich.
Was dabei immer mitschwingen sollte, sind
Fragen der Machbarkeit:

✔ Eignet sich die Idee für mich und meinen
Hund? Kann das Team die betreffende Aufgabe
umsetzen?

✔ In welcher Richtung sollte ich Ideen suchen?
Was liegt mir und meinem Hund? Läuft oder
springt der Hund gerne? Bevorzugt er rasante,
zarte, schnelle oder langsame Spiele?

✔ Was ist die zentrale Aussage des Musik-
stückes, und wie möchte und kann ich dieses
»Thema« tänzerisch gemeinsam mit meinem
Hund interpretieren?

✔ Wo möchte ich Gegensätze, wo Ähnlichkeiten und Wiederholungen herausarbeiten?

Grobanalyse

Sie enthält Informationen zu zentraler künstlerischer Aussage des Stückes (Thema), Taktart,
Metrum, Dur oder Moll, Auftakt oder Volltakt,
Rhythmus, grobem formalem Aufbau, Besonderheiten. Wer hierzu nicht in der Lage ist,
sollte sich von einem Fachmann helfen lassen.
Dies bewahrt nicht nur vor groben Fehlern,
sondern verhilft auch zu einem deutlich tiefe-
ren Verständnis, zu neuen Inspirationen und
tänzerischen Ideen.

Formale Analyse

Sie schlüsselt das Ordnungsprogramm des
betreffenden Stückes auf:

✔ Aus wieviel Teilen besteht das Stück? Ist die
Form a–b–a oder a–b–c?

✔ Hat das Stück eine Einleitung und/oder
einen eigens komponierten Ausklang, eine
sogenannte Coda?

✔ Weist das Stück Überleitungen auf? In wel-
chen Taktzahlen?

✔ Aus wieviel Takten besteht das Thema?

Checkliste
Bei der Musikaus-
wahl bedenken

1 Identifikation: Das Stück muß
gefallen, soll inspirieren. Es darf
sich nicht schnell abgreifen. Daher sollte auch auf künstlerischen
Gehalt Wert gelegt werden.

2 Dauer: Es sollte nicht wesentlich
länger sein, als die aktuelle
TEAM-dance-Stufe vorgibt, es sei
denn, das Stück weist zum Aus-
blenden geeignete Zäsuren auf.

3 Tempo: Es sollte dem Hund anfangs angeglichen werden.

4 Schwierigkeitsgrad: Zu Beginn
sollte man rhythmisch betonte
sowie rhythmisch, melodisch
und formal durchsichtige Stücke
bevorzugen.

5 Tänzerische Eignung: Das ausgewählte Stück sollte sich sowohl
für den Tänzer als
auch für den
Hund eignen.

TIP

Erinnerungsstützen

Allzuleicht vergißt man nach einiger Zeit selbst die besten Ideen. Versäumen Sie deshalb nicht, alle Etappen und Experimente wenigstens in Stichworten aufzuschreiben und chronologisch zu ordnen.
✔ Es hat sich bewährt, in einem Ordner alle Choreographien von Anfang an numeriert aufzubewahren.
✔ Das »Choreocell« kann als Skizze in einer Art Draufsicht, mittels Symbolen und auch verbal beschreibend aufgestellt werden. Es hat den Vorteil, daß dafür keine besonderen Musikkenntnisse Voraussetzung sind. Einziger Nachteil: Ein Choreocell bietet nur eine eher grobe Darstellung des Ablaufs.
✔ Zusätzlich empfiehlt sich daher die ergänzende Videoaufzeichnung.

✔ Gibt es ein Seitenthema?
✔ Ist das Thema nochmals untergliedert?
Wenn Sie zu dieser formalen Analyse nicht in der Lage sind, sollten Sie Hilfe suchen, zum Beispiel bei einem gut ausgebildeten TEAM-dancer, TEAM-dance-Richter oder TEAM-dance-Trainer. Das Aufstellen einer formalen Analyse wird sich in kurzer Zeit als enorme Zeitersparnis herausstellen, denn bereits beim Aufkommen tänzerischer Ideen wird oft schon klar, daß sich dieses oder jenes aus formalen Gründen wenig oder gar nicht eignet.

Experimentieren

Trotz der formalen Analyse kommen Sie am Experimentieren nicht vorbei. Der Anfänger hat dabei oft Mühe, die zentrale musikalische Aussage und ihre Interpretation nicht aus den Augen zu verlieren.
Die moderne Interpretation bietet die Freiheit,
✔ einen Teilaspekt herauszugreifen und konsequent darzustellen.
✔ Gegensätze einander gegenüberzustellen.
✔ Einzelaspekte aneinanderzureihen. Dies kann wiederum einem übergeordneten Interpretationsthema dienen.
Experimentieren ist also nicht nur praktisches Ausprobieren verschiedener Möglichkeiten, sondern auch gedankliches Durchspielen verschiedener Aussagen.
Hinweis: Machen Sie nicht den Fehler, zu früh eine festgelegte Choreographie anzustreben. Die Experimentierphase braucht ihre Zeit, in der Regel mehrere Monate – vor allem, wenn Sie noch unerfahren sind.
Dann und wann gelingt allerdings auch ein choreographischer Wurf in einem Zug, und zwar in sich gültig und nicht mehr zu verbessern. Aber das kommt eher selten vor und setzt neben kreativer Begabung viel Erfahrung voraus. Mein Rat: Lassen Sie sich Zeit beim Experimentieren.

Choreographiekonzept und Choreocell

An letzter Stelle steht das Choreographiekonzept. Jede Choreographie besteht aus Standards, Elementen, Schrittfolgen und Figuren. Ohne Aufzeichnung des Ablaufs bleibt die Choreographie dilettantisch. Das Choreocell entspricht einer Art Draufsicht und hilft, sich den Ablauf besser vorstellen zu können. Die einzelnen musikalischen Teile werden durch verschiedene Farben unterschiedlich dargestellt, Besonderheiten mittels Symbolen.
Im Laufe der Zeit wurde eine ausführliche, professionelle Schreibweise der TEAM-dance-Cho-

*Mensch, Hund und Musik - Stimmung, die
man erlebt haben muß.*

reographie mit eigenen Formblättern entwik-
kelt, die die Arbeit sehr erleichtern. Diese Form-
blätter sind bei Ratfels erhältlich (→ Seite 62).
✔ Im formalen Abschnitt werden die wichtigsten Informationen eingetragen, wie Choreo-
graph, Beginn der choreographischen Arbeit,
Tanzführer und Tanzpartner, Komponist, Texter,
Name, Tempoangabe und Dauer des Stücks sowie TEAM-dance-Stufe.
✔ Darunter ist das Vorführfeld in Draufsicht
abgebildet. Es ähnelt einem Millimeterpapier,
wobei ein Kästchen ungefähr einem Schritt

entspricht. Mit Hilfe dieser Einteilung läßt sich
schon am Schreibtisch die geplante Raumaufteilung des Tanzes sehr gut darstellen und
überprüfen. Formal unterschiedliche Teile des
Musikstücks werden in verschiedenen Farben
eingetragen. Die wichtigsten choreographischen
Informationen sind durch Buchstaben oder
Symbole angegeben.
✔ Zur besseren Orientierung sind die 8 Richtungen angegeben.
✔ Am rechten Rand ist Platz für Notizen über
tänzerische Ideen, Anmerkungen zu bestimm-
ten Figuren oder erinnernde Hinweise für das
kommende Training.

TEAM–Tanzschrift
Sie besteht aus 3 Teilen:
✔ Der obere gibt an, was der Tanzführer mit
Oberkörper, Kopf und Armen macht.
✔ Der mittlere gibt Schrittfolgen und Richtun-
gen wieder.
✔ Der untere stellt die Aufgaben des Hundes
dar.
Schritte und Pausen werden mittels klassischer
Notenwerte aufgeführt. Symbole, Buchstaben
und spezielle Eintragungen machen die TEAM-
Tanzschrift zu einem annähernd vollständigen
Reproduktionsmedium.

In 4 Schritten zur Aufführung
1. In der Phase der choreographischen Skizzie-
rung kann man bereits Einzelteile mit dem
Hund ausprobieren und einüben – teils ohne,
teils mit Musik.
Parallel dazu sollte die eigene tänzerische
Umsetzung eingeübt werden. Wenn man sich
einigermaßen sicher ist, übt man zunächst
ohne Hund den Tanz in Verbindung mit den
Hörzeichen.
Danach greift man Einzelteile des Stücks heraus
und übt sie mit dem Hund, zuerst langsam und

*Mensch und Hund tanzen nach dem Vorbild
des Paartanzes im Variosynchronen Schritt.*

ohne Musik. Am Ende einer geglückten Passage folgt wie gewohnt freies Spiel zur Musik.
Hinweis: Es hat keinen Sinn, ein Stück im Ganzen tanzen zu wollen, wenn die Einzelteile noch Schwierigkeiten bereiten.
2. Sind die Einzelteile gut eingeübt, kann man daran gehen, mehrere Teile zusammenzufassen. Es wäre jedoch verfrüht, in diesem Stadium das ganze Stück durchbringen zu wollen. Beim Zusammenfügen darf man nicht übersehen, den Hund für jene Teile, die er gut oder gar bravourös beherrsch, zu belohnen. Wenn man das, was der Hund kann, als zu selbstverständlich behandelt und nicht mehr belohnt, darf man sich nicht wundern, wenn die Motivation nach und nach versandet.

Erst in der letzten Phase wird das Stück im Ganzen getanzt. Selbst jetzt wird mit dem Hund zwischendurch, oft völlig unvermittelt, gespielt. Im unvorhersehbaren Spiel liegt auf Dauer ein starker Reiz für den Hund, ununterbrochen konzentriert zu bleiben.
Hinweis: Streben Sie auf keinen Fall eine Dauerhöchstleistung an, sondern bereiten Sie Ihren Hund stufenweise auf ein Ereignis oder eine Aufgabe vor. Hierzu gehören auch schöpferische Pausen, etwa ein längeres Absetzen des Trainings nach einem Ereignis.

Der Hund mit federndem Gang im spanischen Schritt, beide synchron zur Musik.

3. Vortrag überprüfen lassen: In der Phase des Zusammenfügens sollte man seine Aufführung oder zumindest eine Videoaufnahme davon ab und zu von erfahrenen TEAM-Tänzern überprüfen und gegebenenfalls korrigieren lassen. Die Videoaufnahmen benötigen Sie ohnedies als Gedächtnisstütze (→ TIP, Seite 54).

4. Unter Ablenkung üben: Da Hunde sehr verschieden auf Ablenkungsreize reagieren, sollten in der Prüfungs- oder Turnierphase dann und wann Ablenkungen, wie akustische, geruchliche und visuelle Reize, eingebaut werden. Das können eine andere Umgebung mit entsprechend anderen Gerüchen oder fremde Leute und Hunde sein. Bei hohem Spieltrieb ist die Gefahr der Ablenkung meistens gering.

Für Fortgeschrittene

Wer die TEAM-dance-Stufen 1 und 2 absolviert hat, in dem wird möglicherweise der Wunsch wachsen, den Tanz weiter auszubauen. Jede Form tänzerischer Weiterbildung ist von Vorteil, sei es Ballett, Modern- oder Jazz-dance, Folkloretanz oder Standardtänze. Man muß sich aber darüber im klaren sein, daß von dem Erlernten nicht alles auf TEAM-dance übertragbar ist. Trotzdem lohnt tänzerische Weiterbildung in jedem Fall. Auch aus Tanzbüchern und Tanzvideos kann man lernen, vorausgesetzt, Sie bringen die hierfür erforderliche Selbstdisziplin und Geduld mit, nicht nur zu lesen, sondern das Gelesene auch praktisch umzusetzen und zu üben. Am ergiebigsten sind allerdings spezielle Fortbildungskurse in TEAM-dance-Praxis und TEAM-dance-Choreographie. Auskunft erhalten Sie über Ratfels (→ Seite 62).

Ausbau der TEAM-Fähigkeiten

Dies ist noch wichtiger als die tänzerische Fortbildung. In den Leistungsstufen 3 und 4 müssen Tanzführer und Tanzpartner eine Menge hinzulernen:

✔ Ausgeprägte und ruckartige Ausdrucksbewegungen des Tanzführers dürfen den Hund nicht mehr von seiner Aufgabe ablenken, egal ob er währenddessen nur verharren oder eine eigene Aufgabe erfüllen muß.
✔ Immer mehr und immer komplexere Distanz-Aufgaben.
✔ Die TEAM-dance-Hörzeichen müssen immer besser vermittelt werden.
✔ Kommunikation in Form von Stimmungs-übertragung gewinnt an Bedeutung.
Ein anderes Problem ergibt sich durch die Vielfalt der Standards und ihrer Elemente. Es wird wenig Hunde geben, die alle Elemente der Stufe 3 oder 4 beherrschen. Von Zeit zu Zeit wird man ältere Aufgaben wieder auffrischen müssen, ebenso ältere Choreographien, die man irgendwann einmal wieder vorzeigen will.

<ti-brav>

Über die starke Konzentration auf die Hörzeichen und die Ausführung des Hundes wird oft vergessen, den Hund zu loben, wenn er die Aufgabe erfüllt hat. Hier hilft die Übung <ti-brav>! Der Tanzführer lernt dabei, im richtigen Augenblick zu loben. Dies ist jedoch nicht am Ende einer Schrittfolge, sondern unmittelbar nach dem Erfüllen der ersten Aufgabe, und die liegt im ersten Schritt – im <ti>. Danach folgt nicht <pe>, sondern das Lob <brav> (oder ähnliches).

Da wir den Hund aber nicht einseitig für <ti> belohnen dürfen, folgt auf <ti-brav> wieder <ti>, dann <pe> und anschließend <brav> oder freies Spiel. Möglichst bald schon geht man dazu über, Lob und Spiel unregelmäßig einzubringen oder, wenn der Hund eine schwache Seite hat, diese durch entsprechende Betonung und Häufung attraktiver zu gestalten.

Abwechslung bieten

Immer wiederkehrende Schritte sind für den Hund (und Tanzführer) langweilig und konzentrationshem-mend. Daher empfiehlt sich, kurzen Schrittfolgen Figuren folgen zu lassen und umgekehrt.
Also etwa 4 Schritte vor, dann <Halt> für beide, nochmals 4 Schritte vor, <Halt> für den Hund und

Auch der Tanzführer springt dann und wann über den Hund.

eine Figur für den Tanzführer, dann eine Solo-figur für den Hund und weitere 4 Schritte in einer neuen Position.

TEAM-dance in Vollendung

Der Variosynchrone Schritt ist keine Anfänger-aufgabe, sondern vielmehr ein Kriterium des fortgeschrittenen und weit fortgeschrittenen TEAM-dance. Tanzführer und Tanzpartner müs-sen sich schrittweise und behutsam an diese faszinierende Form gemeinsamen Tanzens her-antasten. Von den ersten Anfängen, wo man den Hund in den eigenen Schritt ein- oder zweimal hintereinander eintreten läßt, bis zur ausgeprägten Form, vergehen meist Jahre. Doch bei jeder kleinen Steigerung auf dem Weg zum vollendeten Tanz macht das Tanzen mehr und mehr Spaß.

Herausforderung Formationstanz. Mehrere Teams im gemeinsamen Tanz.

Der Variosynchrone Schritt wird erst in TEAM-dance-Stufe 3 und 4 gefordert. Die Aufgabe ist so umfangreich, daß sie hier nicht ausführlich dargestellt werden kann. Im Idealfall sollte auch hier angestrebt werden, daß der Hund nicht nur antritt, weil nachher das Lob folgt, sondern weil ihm der Vorgang an sich Spaß macht. Nach dem ersten Schritt folgen 2, dann 3 und 4 Schritte. Der dritte Schritt ist beson-ders wichtig, da der Hund möglichst bald auch mit ungeraden Taktzahlen vertraut werden sollte. Nach der vorgenommenen Schrittzahl folgt immer wieder Spiel oder alsbald das <Halt> oder <Stop>.

Die halbfett gesetzten Seitenzahlen verweisen
auf Farbfotos und Zeichnungen.

*Beim Üben
darf mit
sichtbaren
Motiva-
tionsob-
jekten ge-
arbeitet
werden.*

62 A D R E S S E N

Adressen, die weiterhelfen

• Fédération Cynologique Internationale (FCI), 13 Place Albert I, B-6530 Thuin/Belgien

• Verband für das Deutsche Hundewesen e.V. (VDH), Postfach 104154, D-44041 Dortmund

• Österreichischer Kynologenverband e.V. (ÖKV), Johann-Teufel-Gasse 8, A-1238 Wien

• Schweizerische Kynologische Gesellschaft (SKG/SCS), Länggaßstr. 8, CH-3001 Bern

Anschriften von Hundeclubs und -vereinen können Sie auch bei den genannten Verbänden erfragen.

• *Ratfels*, Maria-Rose Lind, Bayerham 37, A-5201 Seekirchen, Tel. und Fax 0043/(0)6212 6604

Unter dieser Adresse erhalten Sie Informationen über weitere Bücher und Videos des Autors sowie Informationen über Veranstaltungen und LIND-art®-TEAM-Ausbildung.

• TWZ – TEAM-work-Zentrum
Andrea Kühne, Bleichstr. 2, D-90429 Nürnberg
Unter dieser Adresse erhalten Sie Informationen über Trainer- und Richterkurse. Bitte legen Sie Ihren Anfragen eine frankierten Rückumschlag bei.

• Agilo Handels- und Werbe GmbH, Albert-Roßhaupter-Straße 108, D-81369 München

Unter dieser Adresse sind die vom Autor entwickelten Hundesportgeräte erhältlich.

Fragen zur Hundehaltung beantworten

Ihr Zoofachhändler oder der Zentralverband Zoologischer Fachbetriebe Deutschlands e.V. D-63225 Langen Tel. 06103/910732 (nur telefonische Auskunft möglich)

Haftpflichtversicherung

Fast alle Versicherungen bieten auch Haftpflichtversicherungen für Hunde an.

Krankenversicherung

Uelzener Allgemeine Versicherungsgesellschaft AG, Postfach 2163, D-29511 Uelzen

AGILA Haustierkrankenversicherung AG, Breite Str. 6-8, D-30159 Hannover

Registrierung von Hunden

• Haustier-Zentralregister für die BRD e.V. TASSO, Postfach 1423, D-65783 Hattersheim, Tel. 06190/4088

• IFTA, Internationale Zentrale Tierregistrierung, Weiherstr. 8, D-88145 Hergatz, Tel. 0180/521 34 02

Wer seinen Hund vor Tierfängern und dem Tod im Versuchslabor schützen will, kann ihn hier registrieren lassen.

Bücher, die weiterhelfen

• Lind, E.: Hunde spielend motivieren. Praktische Anleitungen. Neue Spielideen. Naturbuch Verlag, Augsburg.

• Lind, E.: Richtig spielen mit Hunden. Naturbuch Verlag, Augsburg.

Zeitschriften

• *Der Hund.* Deutscher Bauernverlag GmbH, Brunnenstraße 128, D-13355 Berlin

• *Das Tier.* Hallwag Verlag, Brunnwiesenstr. 23, D-73760 Ostfildern

Der Autor

Ekard Lind ist einer der interessantesten und gefragtesten Kynologen überhaupt. Als Hochschuldozent und Pädagoge bringt er zusammen mit seiner kynologischen Erfahrung ideale Voraussetzungen für zukunftsweisende Formen der Mensch-Hund-Beziehung mit. Innerhalb der letzten zehn

Jahre hat er zwei neue Hundesportarten entwickelt und allen Hundehaltern, die sich gern auf Musik und Rhythmus bewegen, eine einzigartige Möglichkeit geschaffen, sich auf kreative und bewegungsintensive Art und Weise mit ihrem Hund zu beschäftigen.

Die Fotografen

Die Fotos stammen von Marie-Therese, Maria und Ekard Lind.

Fotos: Buchumschlag und Innenteil

Umschlagvorderseite: Variosynchroner Schritt, unverkennbar für TEAM-dance (großes Foto). Auch ohne Sichtkontakt sind beide Tanzpartner im gleichen Schritt und im Rhythmus zur Musik (kleines Foto).
Umschlagrückseite: TEAM-dance: Ausdruck von Harmonie und Zuneigung. Ist es nicht das, was uns diese Verbindung eingehen ließ?
Seite 1: Bodenfiguren ersetzen Hürden und andere Geräte.
Seite 2/3: Nach dem Vorbild des Paartanzes sehen sich die beiden TEAM-Partner ununterbrochen in die Augen.
Seite 4/5: Figur »Umrunden«: Freudig und temperamentvoll.
Seite 6/7: TEAM-dance in Formation. Jede Bewegung ist choreographisch komponiert. Das perfekte Miteinander erfordert allerdings jahrelanges Training.
Seite 8/9: Wird der Tanz mit dem Hund den Hundesport in eine neue Zukunft führen?
Seite 10/11: Typisch Hund. Es wird nicht nur getanzt. Auch Beute- und Jagdspiele gehören dazu.
Seite 12/13: Integrale Motivation nach Lind: Kommunizieren mittels Mimik und Hörzeichen. – Gemeinsam auf Musik bewegen. – Zum Abschluß freies Spiel mit dem Ball.
Seite 14/15: Soeben sprang der Hund über die Tanzführerin, anschließend springt die Tanzführerin ein Solo, während der Tanzpartner wartet.
Seite 16/17: Hund im »Spanischen Schritt«: linke Vorderhand hoch (<ti-hi>), rechte Vorderhand hoch (<pe-he>).
Seite 64: TEAM-Partner Hund hat ein Solo, die Tanzführerin gibt nur Hörzeichen: <Unt> <durch> <Stop> <Platz>.

Impressum

© 1999 Gräfe und Unzer Verlag GmbH, München. Alle Rechte vorbehalten. Nachdruck, auch auszugsweise, sowie Verbreitung durch Film, Funk und Fernsehen, durch fotomechanische Wiedergabe, Tonträger und Datenverarbeitungssysteme jeder Art nur mit schriftlicher Genehmigung des Verlages.

Redaktion: Anita Zellner
Lektorat: Angelika Lang
Umschlaggestaltung und Layout: Heinz Kraxenberger
Herstellung: Heide Blut/ Verena Römer
Satz: Heide Blut
Produktion: Verena Römer
Repro: Penta
Druck und Bindung: Stürtz

ISBN 3-7742-3151-6

Auflage 4. 3. 2. 1.
Jahr   02 01 2000 99

Begleitvideo zum GU TierRatgeber

Ekard Lind: TEAM-dance – Tanz mit dem Hund. Die ideale Ergänzung zum Buch (VHS), zirka 40 Minuten, DM 49,80 plus Versandkosten. Erscheint Ende 1999

zu beziehen bei
Ratfels-Produktion, Adresse → Seite 62

In Deutschland auch erhältlich bei
Agilo GmbH, Adresse → Seite 62

Unter den genannten Adressen sind auch die Buch- und Video-Titel »Richtig Spielen mit Hunden« und »Hunde spielend motivieren« erhältlich.

1 **Muß man musikalisch sein, um TEAM-dance zu betreiben?**

Wer zur Musik einigermaßen rhythmisch gehen kann, bringt die Mindestvoraussetzung bereits mit. Umfangreiches Musikwissen und musikalische Fertigkeiten sind nicht nötig.

2 **Kann man mit einem bereits ausgebildeten Hund TEAM-dance beginnen?**

Fast alles, was der Hund schon kann, läßt sich in irgendeiner Form auf den Tanz übertragen. Außerdem macht es ausgebildeten Hunden Spaß, etwas Neues zu lernen.

3 **Lassen sich die gewohnten Sportarten parallel weiterbetreiben?**

Ja. Kurz vor einer Prüfung jedoch sollte man sich auf eine einzige Sportart konzentrieren und verwechselbare Aufgaben mit unterschiedlichen Hörzeichen versehen.

4 **Welche Hunderassen eignen sich für TEAM-dance?**

Grundsätzlich eignen sich alle Hunderassen und Individuen für den Tanz.

5 **Reicht TEAM-dance dem Hund?**

Nein, denn TEAM-dance erfaßt nicht alle Motivationsbereiche des Hundes.

Der Experte gibt Antwort auf die 10 häufigsten Fragen zu TEAM-dance.